나무 뒤에
숨은 사람

나무 뒤에
숨은 사람

우리는 어떻게 **풍요**로워질 수 있는가

▪정갑영(연세대 총장) 지음▪

정갑영 교수의
풀어쓰는
경제학

21세기북스

누가 나무 뒤에 숨어 있는가?

"꼭꼭 숨어라. 머리카락 보인다……."

내가 술래 되어 외치면 모두들 어디론가 숨어 버린다. 담장 뒤에 숨거나, 장독 아래 몸을 가린다. 짓궂게 마루 밑에 들어가 머리를 다치기도 한다. 너른 운동장에서 숨을 곳을 찾기도 하고, 교문 옆 버드나무 뒤에 몸을 웅크리기도 한다.

술래는 때로 답답하고 외톨이가 된 것만 같다. 저녁 해질 무렵이면 더욱 조급해진다. 그래도 나무 뒤에 숨은 짝꿍을 찾아야만 술래를 면할 수 있지 않는가. 그래야 다음에는 나도 몸을 숨길 수 있다. 아련하게 떠오르는 어릴 적 숨바꼭질의 추억이다.

누가 나무 뒤에 숨어 있는가? 이번엔 어릴 적 그 친구가 아니다. 나의 몸짓이 바람이 되어 '홍연'을 설레게 하고, 나무 뒤에 숨은 사람마저 흔들리게 만든다. 멋진 스카프가 숨은 마음을 움직이게 하고, 바람결에 흩날리는 머릿결이 누군가를 매혹시키기도 한다. 내가 술래 되어 외치면, 숨은 그곳에서 모두 소리 없이 움직이는 것이다. 술래인 나와 나무 뒤에 숨은 사람은 항상 함께 움직인다. 비록 너른 운동장에서 목적이 다른 움직임을 보일지라도, 두 사람의 몸짓이 모아져 멋진 게임을 연출하지 않는가.

'나무 뒤에 숨은 사람.'

탐정소설이나 낭만적인 수필집이 아니냐고 반문할지 모른다. 도무지 경제와는 거리가 먼 표현인 것 같다. 그러나 너른 운동장이 시장으로 바뀌면, 술래와 나무 뒤에 숨은 사람의 관계도 쉽게 드러난다. 시장이 바로 술래와 숨은 사람의 나눔이 이루어지는 곳이기 때문이다. 시장의 게임은 '보이지 않는 손'의 규칙이 지배한다. 나와 당신이 언제라도 술래가 될 수 있고, 숨은 사람으로 바뀔 수도 있다. 정부가, 기업이, 나아가 소비자마저도 술래가 된다. 각자의 목표는 다르지만 서로 다른 몸짓이 모아져 풍요로운 세상을 만들기도 하고, 궁핍한 삶으로 이끌기도 한다.

풍요와 궁핍, 무엇이 이처럼 엄청난 차이를 만들어내는 것일까? 대답은 너무나 간단하다. 게임의 참여자가 규칙마저 외면한다면 어떻게 좋은 성과를 기대할 수 있겠는가. 시장의 흐름을 멀리하는 술래가 많아질수록 풍요로운 삶은 멀어지기만 한다.

경제의 세계에는 항상 공짜가 없다. 내가 환경을 오염시키면 나무 뒤에 가려진 누군가에게 부담을 주지 않는가. 하나를 규제하면 다른 부작용이 나타나고, '창문세window tax'는 엉뚱한 근로자에게 전가된다. 나의 기대와 당신의 기대, 우리의 씀씀이가 경제는 물론 '나무 뒤에 숨은 사람'의 일자리에도 영향을 미친다. 숨은 비용을 무시하는 기업이 어떻게 내일을 기약할 수 있겠는가. '나무 뒤에 숨은 사람'을 외면하는 경제가 어떻게 풍요를 이룰 수 있겠는가.

누가 나무 뒤에 숨어 있는가? 나와 당신이 바로 그곳에 숨은 사람들이다. 우리 모두 경제의 숲 속에 나무처럼 존재하기 때문이다. 나무들은 누구나 경제가 어렵다고 말한다. 경제여건이 어렵고, 경제를 이해하기조차 힘들다고 한다.

그러나 경제는 결코 멀리 있지 않다. 살아 있는 생명체처럼 우리의 일상에서 술래와 함께 숨은 사람들과 같이 움직이고 있다. 조금만 관심을 기울이면 영화와 오페라, 시와 노래와 소설 속에서 쉽게 경제원리를 발견할 수 있다. 시장을 이해하는 사람이 많아질수록, 나무 뒤에 숨은 사람이 더 풍요로워 질 수 있다. 게임의 규칙을 외면하면서 어떻게 풍요로운 삶을 연출할 수 있겠는가.

《열보다 더 큰 아홉》에 이어 두 번째 풀어쓰는 경제학을 출간한다. 다시 한 번 술래가 된 느낌이다. 어려운 경제를 쉽게 풀어쓰는 일이 결코 쉬운 일이 아니기 때문이다. 때로는 비약도 많고, 핵심을 빗나가기도 하고, 너무 많이 생략하기도 했다. 그럼에도 불구하고 이 책이 조금이라도 나무 뒤에 숨은 사람들을 경제에 가깝게 만들 수 있기를 기대할 따름이다. 그것이 바로 우리 모두를 풍요롭게 만들 수 있기 때문이다.

이 책 한 권에도 숨은 사람들의 도움이 많이 담겨 있다. 책을 편집하고 만드는 과정에서 애써 준 연구실의 정병현, 오현진 조교, 그리고 21세기북스의 김영곤 사장님 이하 임원진들께 깊은 감사를 드린다. 그동안 《열보다 더 큰 아홉》에 보내준 독자들의 성원도 큰 힘이 되었다. 항상 나무 뒤에서 도와주는 아내, 먼 곳에서 출간을 기다리는 지연, 그리고 선운, 윤정에게도 사랑을 함께 보낸다. 이제 나도 몇 주일쯤 나무 뒤에 숨어버리고 싶다.

2012년 5월
정갑영

머리말 4

1장 경제학 첫걸음

2장 돈이 되는 경제 상식

6장   미래 경제학

경제학 첫걸음

1

공짜 점심은 없다

《성경》〈출애굽기〉에 나오는 십계명은 기독교인이 반드시 지켜야 할 규범으로 통용된다. 선지자 모세를 통해 전달되는 하나님의 말씀 속에는 '해야 할 일'과 '해서는 안 될 일'에 대한 원칙이 명백히 제시되어 있다. 물론 이와 같은 계율은 기독교에만 나타나는 것은 아니다. 다른 종교와 문화에서도 전통적인 규범과 관습이 엄연히 존재하여 사람들의 일상에 큰 영향을 미친다.

그런데 경제학에도 십계명과 같은 대명제가 있다. 물론 경제학의 십계명은 도덕률이나 행동규범과는 다르다. 오랜 기간의 실증적인 경험을 통해 얻어진 가장 기본적인 경제학의 원리와 같은 것이다. 따라서 10가지의 계명이 학자마다 다를 수도 있고 시대에 따라 변화할 수도 있다. 엄격한 의미에서는 계명誡命이 아니라 어떤 상황에서도 공통으로 나타나는 보편적인 결과와 같은 것이다. 이제 경제학에서 널리 활용되는 원리들을 모아서 십계명으로 정리해보자.

첫째 계명은 선택은 하나뿐이라는 것이다. 즉, 상충하는 것 중에서 반드시 하나를 선택해야만 한다. 우리가 이용할 수 있는 자원이 한정되어 있기 때문이다. 경제적 의사결정에서는 모든 것을 만족하게 하는 선택은 할 수 없다. 주어진 시간에 공부하려면 노는 것을 포기해야 하고 경제학을 공부하려면 영어를 포기해야 한다. 낮잠을 잘 것인가, 숙제를 할 것인가 고민해야 한다. 주어진 돈으로 책을 살 것인가 옷을 살 것인가도 선택해야 한다. 자원(시간과 돈)이 부족하여 어쩔 수 없이 제한적인 선택을 할 수밖에 없는 갈림길에 서는 것이다.

이는 흔히 "공짜 점심은 없다no free lunch"는 말로 대변된다. 경제학에서는 공짜로 주어지는 것은 없다. 공짜처럼 보이는 것에도 반드시 비용이 계산되게 마련이다. 이는 금전적인 비용일 수도 있지만 어느 하나를 선택함으로써 포기되어야 하는 것의 비용일 수도 있다. 개인의 차원에 국한된 것만은 아니다. 국가나 사회도 첫째 계명으로부터 자유로울 수 없다. 자원의 부족으로 모든 것을 다 할 수는 없기 때문이다. 그래서 경제학을 '선택의 과학'이라고도 한다.

북한이 무기와 식량 사이에서 심각한 고민을 하는 것도 바로 이 계명에서 비롯된 현상이다. 미국의 상속세 논쟁도 이 계명에서 설명된다. 온 힘을 다해 많이 번 사람이 더 많이 가져갈 수 있게 해준다면 상속세는 폐지하는 것이 옳다. 상속세가 높으면 재산을 모을 동기가 줄어들지 않겠는가. 그러나 사회적 평등을 고려한다면 부의 세습은 차단되어야 한다. 그래서 상속세가 필요하다. 효율성을 중시하면 소득세도 낮추고 근로의욕을 북돋아야 한다. 그러나 형평을 고려하면 높은 누진세가 필요하다. 효율과 형평은 동시에 달성되기 어려운 상충관계가 있다. 형평을 개선하자면 효율저하라는 비용을 감수할 수밖에 없다.

개발과 환경보호의 논쟁 역시 전형적인 상충관계이다. 댐 건설을 통한 수자원의 확보는 환경단체의 반발을 산다. 하지만 큰 가뭄이 올 때는 어떻게 대처해야 하는가. 때로는 댐 건설 못지않게 환경보전의 비용이 엄청나게 클 수 있다. 공적자금의 조성과 투입, 재정의 운용, 금리정책의 결정 등도 한 가지 목적을 선택하기 위해 다른 것을 희생시켜야 하는 경우가 많다.

'공짜 점심'은 경제적 선택에만 적용되는 것이 아니다. 배우자를 선택할 때도, 휴가계획을 세울 때도, 지망대학을 결정할 때도, 투표를 할 때도, 항상 선택의 고민을 해야 한다. 그래서 "공짜 점심은 없다"는 경제학의 계명만 잘 지키면 인생도 잘 설계할 수 있다.

2

'가지 않은 길'의 가치

노란 숲 속에 두 길이 갈라져 있었습니다

안타깝게도 나는 두 길을 갈 수 없는

한 사람의 나그네라, 오랫동안 서서

한 길이 덤불 속으로 꺾여 내려간 데까지

바라다볼 수 있는 먼 곳까지 내려다보았습니다

그리고 똑같이 아름다운 하나를 택했습니다

거기에는 풀이 더 우거지고

사람들의 걸은 자취가 더 적었습니다

하지만 그 길을 걸음으로써

그 길도 곧 거의 같아질 것입니다만

……

먼 훗날 훗날에 나는 어디에선가

한숨을 쉬며 이 이야기를 할 것입니다

숲 속에 두 갈래 길이 갈라져 있었다고

나는 사람이 적게 간 길을 택하였다고

그것으로 인해 모든 것이 달라졌다고

– 로버트 프로스트, 〈가지 않은 길〉

나그네가 아니라도 두 갈래 길을 한꺼번에 갈 수는 없다. 여럿 중에 한 가지밖에 선택할 수 없다는 게 경제학의 첫째 계명이라고 설명했다. 그 선택에는 항상 비용이 따른다. 길을 하나 선택하면 다른 길에서 얻을 수도 있었을 아름다움은 포기해야 하지 않는가. 따라서 지금 가고 있는 길을 선택한 비용은 '가지 않은 길'의 가치로 평가해야 한다. 그리고 '가지 못한 길'의 가치가 클수록 선택의 기회비용은 커진다.

어머니가 아이를 키우기 위해 직장을 포기했다고 가정해보자. 그럴 경우 아이를 키우는 비용은 단순히 우유를 사거나 유치원에 보내는 데 든 비용만이 아니다. 그 외에도 직장을 다녔더라면 얻을 수 있었을 포기된 수입까지 고려해야 한다. 후자가 바로 육아의 기회비용이 되는 것이다.

기회비용은 결코 어려운 개념이 아니다. 외환위기 직후 명예퇴직금으로 받은 1억 원을 투자하는 경우를 생각해보자. 부동산, 주식, 회사채 중 하나를 선택했다고 가정하자. 1997년 12월에 투자하여 2001년 5월에 정산한다면 각각의 평균 수익률이 얼마나 될까? 주가지수는 313.3에서

600.7로 올라왔으니 평균 수익률을 달성했다면 1.9배쯤 원금이 늘었을 것이다. 회사채는 당시 연 수익률이 23.6퍼센트에 달했으니 3년짜리였다면 역시 1.9배쯤 늘었을 것이다.

그러나 부동산 투자는 별 재미를 보지 못했다. 평균 수익률이 마이너스라서 원금이 오히려 6퍼센트 정도 감소했을 것 같다. 당신은 어떤 길을 덤불에 쌓인 아름다운 길로 선택했는가? 불행히도 주식과 부동산 사이에서 고민하다가, 부동산을 선택했다면 기회비용은 무려 9,000만 원이나 되는 셈이다. '가지 않은 길'에서 얻을 수도 있었던 수익이 바로 기회비용이 되는 것이다.

기업의 수익률도 마찬가지다. 예를 들어 200억 원의 자본을 가진 기업의 순익이 회계감사 결과 5억 원이라고 하자. 이것은 단지 회계학적 의미의 순익을 말하는 것일 뿐 기회비용이 반영된 것은 아니다. 사업을 하지 않고 200억 원을 고스란히 8퍼센트의 정기예금에 맡겼다면 16억 원의 이자를 받을 수 있지 않았는가.

그러나 사업에 투자했기 때문에 은행에 예금할 수 없었던 것이다. 편의상 이자소득세를 포함하지 않는다면 이 '사업'을 선택했기 때문에 발생한 기회비용은 16억 원이나 된다. 따라서 기회비용을 포함한 경제적 의미의 순익은 오히려 11억 원(16-5)의 적자가 된다. 어느 것이 더 정확한 이윤의 개념인가. 역시 '가지 못한 길'의 가치를 반영해야만 경제학적 의미의 이윤이 된다.

좋은 선택일수록 기회비용이 작다. 인생에서도 그런 선택을 해야 한다. 프로스트는 사람이 적게 간 길을 택했다고 했다. 그것은 그에게 기회비용이 작은 선택이었으리라. 행여 미팅에서 만났던 그 사람을 아직도 그리워한다면 현재의 선택은 기회비용이 큰 것이다. 내가 '가지 않은 길'을 뒤돌아보지 않는다면 경제학적으로도 가장 좋은 선택을 한 셈이다.

3

숨은 비용이 적어야 한다

'기회비용을 고려해야 한다.'

경제학의 두 번째 계명이다. 하나밖에 선택하지 못하는 아쉬움 뒤에는 항상 '가지 못하는 길'의 잠재적 가치에 대한 평가가 따라야 한다는 것이다. 한정된 자금을 투자할 때도, 배우자를 고를 때도, 입시를 준비할 때도, 명예퇴직을 선택할 때도 기회비용의 그림자는 항상 드리워지게 마련이다. 현재의 선택이 가장 성공적이라면, 당연히 기회비용이 적어야 한다.

이 계명은 개인뿐만 아니라 국가적인 사업에도 그대로 적용된다. 고속철도 사업을 생각해보자. 서울에서 부산을 2시간대로 단축시키기 위해 18조 원 이상의 투자가 들어가는 대형 사업이다. 완공된 후에 얼마나 큰 혜택이 있을까? 과연 국책사업으로 추진한 것이 바람직한 선택이었을까? 고속철도공단의 자료를 보면 완공 후 매년 2조 4,000억 원의 사회경제적 이익이 발생한다고 한다. 따라서 투자비용과 완공 후의 혜택을 고려하면 몇 년 후에 어느 정도의 순편익이 나타날 것인지 쉽게 알 수 있다. 이것을 흔히 '편익—비용 분석benefit-cost analysis'이라 한다. 편익이 비용보다 많으면 당연히 편익—비용 비율이 1보다 커서 사업의 타당성을 인정받을 수 있다.

그러나 이것은 단순한 회계적 계산일 뿐 실제 경제학적 의미의 사회적 비용과 편익이 모두 포함된 것은 아니다. 기회비용을 고려하지 않았기 때문이다. 기회비용을 고려한다면 18조 원의 투자비를 고속철도에 투자하지 않고 다른 목적으로 사용했을 때 기대되는 이익까지 파악해야만 한다. 한정된 자금을 고속철도에 투자하느라 다른 사업에서 얻을 수 있었던 사회적 이익을 포기했기 때문이다.

다시 말하면 '가지 못한 길'로부터 기회비용이 발생한 것이다. 이러한 의미의 비용을 모두 반영하려면 그 사업에 투자하지 않았을 때 사회적으로 기대되는 수익률을 계산해야 한다. 이것을 흔히 '사회적 할인율'이라고 한다.

예를 들어 사회적 할인율이 10퍼센트라면 특정한 사업에 투자하지 않는 경우 10퍼센트의 평균적인 수익은 기대할 수 있다는 얘기가 된다. 그러니까 국민경제적 관점에서 자본의 기회비용인 셈이다. 따라서 특정사업의 수익률을 제대로 평가하자면 투자사업의 이익률에서 사회적 할인율을 빼야만 한다.

이런 개념 없이 단순한 편익—비용 분석만으로는 경제학적 의미의 가치를 제대로 계산할 수 없다. 고속철도공단이 제시한 자료에 따르면 사업의 투자 수익률은 11.8퍼센트이고 사회적 할인율은 11.0퍼센트라고 한다. 또한 편익-비용 비율도 1.1이라고 한다. 정확하게 추정되었다면 기회비용을 고려하고도 사업성이 있다는 얘기가 된다. 말썽 많았던 새만금 사업도 이런 방법으로 평가할 수 있다.

제도개선과 같이 투자비용이 눈에 보이지 않을 때도 기회비용은 함께 한다. 의약분업과 기여 입학제도 마찬가지다. 기여 입학은 사회적 형평을 중시하는 국민 정서 때문에 아직 도입되지 않고 있다. 그러나 경제학적 관점에서 보면 기여 입학을 허용하지 않는 현행 제도의 기회비용은 엄청나다.

소수가 낸 기부금은 다수 학생에게 장학금으로 돌아갈 수 있고 대학의 교육환경을 개선할 수 있다. 또한 이 때문에 부유층의 외국유학 비용을 절감시킬 수도 있다. 이러한 이익은 모두 제도가 시행되지 않을 때의 기회비용에 해당하는 셈이다. 반면 기여 입학을 시행하는 데 따른 경제적 비용은 그리 크지 않다. 그래도 '아비 덕에 학교 잘 가는 꼴'을 볼 수 없다면 다른 도리가 없다. 형평의 함정에서 빠져나올 때까지 기회비용을 부담하는 수밖에.

국민 정서 때문에 부담해야 하는 기회비용이 어디 이것뿐인가. 그러나 선진화된 국민일수록 기회비용이 작은 선택을 한다. 사회적 선택에서도 십계명을 위반하면 모든 국민이 기회비용의 형벌을 피할 수 없기 때문이다.

커피 씨를 두 개 심는 이유

88서울올림픽이 열리던 해, 지구 상의 최빈국 에티오피아를 방문한 적이 있다. 에티오피아는 솔로몬과 만났던 시바 여왕의 후예로 미인이 많다. 우리에게는 셀라시에 황제와 맨발의 마라톤 선수 비킬라 아베베로 널리 알려진 나라다.

한때는 아프리카 최강의 독립국으로 명성을 날렸다. 하지만 내전과 가뭄으로 수백만 명이 목숨을 잃었고 지금은 두 나라로 양분된 상태다. 그러나 이런 비극에도 아랑곳하지 않고 이곳의 자연은 여행객을 경탄케 한다. 수도 아디스아바바는 해발 2,000미터의 고원에 있어 1년 내내 쾌적한 날씨가 지속된다. 한 가지 흠이라면 산소가 부족하다는 것. 그래서 세계적인 마라톤 선수가 많이 배출되는 모양이다.

기후 조건이 좋은 지역에는 항상 귀한 나무가 자라게 마련이다. 푸른 초원이 가득한 이 지역에서도 가장 흔하게 볼 수 있었던 작물이 바로 커피나무다. '에티오피아 커피'는 들어보긴 했다. 하지만 이곳이 바로 커피의 원산지라는 사실은 처음 알게 되었다. '카파Kaffa'라는 지역이 바로 자연산 커피의 원조가 자랐던 곳이라고 한다. 아프리카 원산지의 커피가 세계 전역으로 퍼져 나간 것이다.

고작해야 알 커피나 끓인 커피를 먹는 우리에게는 커피나무를 보는 것도 빨간 버찌나 체리처럼 익은 커피 열매를 보는 것도 모두 신기하기만 했다. 커피나무의 종묘를 길러내는 과정도 매우 인상적이었다. 종이컵 크기의 작은 모래주머니에 커피 씨를 두 개씩 심고 있는 주민에게 그 이유를 물으니 "몇 달 뒤 잘 자란 묘목만 고르고 다른 하나는 버린다"는 것이다. 그렇다면 하나만 심으면 충분할 텐데 왜 하필 두 개를 심는 것일까?

이 의문은 몇 년 후 브라질의 한 커피 농장을 방문하면서 풀리게 되었다. 에티오피아보다는 훨씬 전문적으로 현지에 정착한 일본인이 경영하는 대규모 커피 단지라서 자동차를 타고 돌아다녀야만 했다. 커피의 상태에 대해 접해본 일이 없는 터라 생소한 것들이 하나둘이 아니었다. 하지만 이곳에서도 커피나무의 종묘 과정은 매우 특이했다. 역시 작은 용기에 커피 씨를 두 개씩 심고 일정 기간이 지난 뒤 잘 자란 것 하나만을 선택하는 것이었다.

"왜 하필이면 두 개의 씨앗을 심습니까?"

그 답변은 전혀 뜻밖이었다.

"경쟁해야 하니까요."

수십 년간의 경험을 통해 한 개보다는 두 개를 심어야 잘 자란 종묘 하나를 얻을 수 있다는 것이다. 하나는 절대 크게 자라지 않고 세 개 이상도 좋은 결과를 얻지 못했다는 것이다. 그 작은 주머니는 두 개의 씨앗이 서로 경쟁하며 자라기에 적합한 공간이기 때문이라는 것이다.

동식물의 생태를 사회현상에 적용하는 경우가 많지만 선뜻 믿어지지 않았다. 아마도 생물학적으로는 또 다른 이유가 있을지 모르겠다. 그러나 농장 주인으로서는 경쟁의 결과 우량한 종묘를 얻을 수 있다니 두 개의 씨를 뿌리는 것이 너무나 당연한 선택이다. 이런 현상이 어디 커피뿐이랴. 소비자에게도 독점보다는 경쟁이 좋은 것 아니겠는가.

구멍가게도 하나보다는 둘이 있을 때 더 좋은 서비스를 받는다. 항공사도 통신 서비스 역시 경쟁을 해야 무언가 달라지지 않는가. 가격과 품질과 서비스가 역시 하나보다는 둘이서 경쟁을 할 때 더 좋아지는 것이다. 이것은 경제학의 또 하나의 십계명이다. 우리나라에서도 통신 서비스는 물론 항공 운송 서비스도 경쟁 체제로 바뀌면서 달라졌다. 자동차나 가전제품도 경쟁하기 때문에 좋아진 것 아니겠는가.

거대한 공기업의 민영화에도 똑같은 논리가 적용된다. 전력과 통신 등 거대한 공기업의 독점 체제를 경쟁할 수 있는 체제로 바꾸어 주자는 것이다. 경쟁을 통해 경영의 효율성이 증가하고 그 혜택은 소비자인 국민과 종업원인 근로자에게 돌아간다는 당위성을 어떻게 반박할 수 있겠는가. 역설적으로 독점화된 공기업의 비효율성은 국민경제에 그대로 전가되어 국민이 부담하게 된다.

시장에서는 기업만 경쟁하는 것이 아니다. 기업 역시 소비자의 경쟁을 유도하여 가장 좋은 선택을 유도한다. 여행사마다 요금이 다른 것은 물론이다. 인터넷 구매를 해도 각양각색이며 출발 시간, 체류 기간, 여행 구간 등 몇 가지 조건에 따라 요금은 상당히 차이가 난다. 9시와 10시에 출발하는 비행기의 요금이 다를 때도 있다. 그래서 보잉 747은 350여 명의 승객이 모두 다른 요금을 낸다고 한다. 그렇다고 비싼 요금을 낸 승객이 안전하게 더 빨리 가는 것도 아니지 않는가. 시간에 따른 가격 차이가 어디 비행기 요금뿐인가.

극장에는 오전 관객을 위한 '조조할인'이 있고 심야 전력 사용에도 할인제도가 있다. 통신 서비스도 시간대에 따라 요금 체계가 다르다. 기차 요금도 주말에는 비싸며 휴가철에는 유원지의 요금이 껑충 뛴다. 한여름에는 전기 요금에 할증이 붙고 한밤중에는 택시와 버스 요금에 할증이 붙는다. 꼭 필요한 시간의 서비스일수록 더 높은 요금을 내게 되는 것이다.

기업이 가격을 차별화하면 소비자는 각각 구미에 맞게 적합한 가격을 선택한다. 이 과정에서도 경쟁은 나타난다. 정보의 경쟁이다. 가장 좋은 조건의 가격을 찾기 위해 정보 경쟁이 일어난다. 이 경쟁에서 앞선 소비자가 제일 먼저 좋은 조건을 차지한다. 단일 가격보다 훨씬 더 세상을 풍요롭게 한다. 바쁜 사람은 비싸게 내고라도 먼저 갈 수 있기 때문이다.

경쟁은 사회 후생을 극대화한다. 기업은 경쟁에서 살아남기 위해 적은 비용으로 좋은 품질의 제품을 만들어낸다. 소비자 역시 경쟁이 있어야 좋은 서비스를 선택할 수 있다. 경쟁은 사회 전체의 효율성을 높이고 경쟁이 있는 시장에서는 숨은 비용이 최소화된다. 기술적인 제약이 없다면 경쟁시장을 만드는 것이 바람직하다.

경제뿐만이 아니다. 경쟁이 없는 사회는 미래가 없다. 잘 자란 커피 씨를 선별하는 과정이 없기 때문이다. 적자생존의 진화론을 발견한 다윈도 시장경쟁의 사례를 도입하여 그의 이론을 설명했다고 한다. 시장 경쟁에서 수많은 기업이 쓰러지고 경쟁력 있는 기업만 살아남는 과정이 바로 적자생존에서 좋은 종이 살아남는 것과 같다는 것이다. 생물학적인 진화론이 사회적인 현상으로 뒷받침되는 셈이다. 우리 사회도 예외가 아니다.

코페의 주민이 커피 씨를 두 개 심는 이유를 이해해야만 경제의 효율성을 높일 수 있다. 경쟁의 계명을 지켜야 국제 경쟁력이 길러진다.

5

마지막 한 점의 승부

2000년 6월 LPGA에서 박지은은 극적인 첫 우승을 하며 신인왕으로 등극했다. 1983년 LPGA 신인왕으로 입문한 후 세계대회에서 무려 23번이나 우승했다는 미국 여자 골프계의 자존심 줄리 잉크스터J. Inkster를 제치고 박지은이 화려하게 데뷔하는 감격스러운 순간이었다. 당시의 역전의 드라마를 많은 팬은 아직도 생생하게 기억하고 있다.

마지막 4라운드의 16번 홀까지도 승리의 여신은 잉크스터에게 미소 짓는 듯했다. 그러나 가장 쉽다는 17번 홀에서 잉크스터는 보기를 쳤고 박지은은 버디를 잡아 공동선두가 되었다. 그리고 마지막 18번 홀에서 잉크스터는 다시 어이없는 보기를 범했다. 박지은은 파 퍼팅으로 14언더 274타를 기록하며 첫 우승을 차지했다. 마지막 퍼팅 하나가 두 사람의 운명을 갈라놓은 것이다.

엄격히 말한다면 물론 마지막 한 타만이 중요한 것은 아니다. 첫 홀에서부터 한 타 한 타가 점수에 더해지므로 사실은 모든 타가 중요하다. 그러나 게임에서 승리하려면 첫 홀보다는 두 번째 홀이, 두 번째 홀보다는 세 번째 홀이, 그런 식으로 다음 홀이 더 중요하게 된다. 이어지는 다음 홀에서 앞서지 않고서는 결코 우승할 수 없는 것 아닌가. 그런 기회가 계속해서 마지막 홀까지 이어질 뿐이다.

경제학에 이런 개념을 원용해보자. 컴퓨터를 생산하는 기업이 있다. 이 업체가 이윤을 극대화하려면 몇 대를 생산해서 얼마에 팔아야 하는가? 무조건 많이 판다고 이윤이 많아지는가? 가격이 생산비보다 더 낮다면 어림없는 얘기이다. 이윤을 극대화하려면 1대를 더 추가할 때마다 늘어나는 수입과 지급해야 하는 비용을 비교해야 한다. 현재 100대에서 1대를 더 생산하는 데 추가적인 비용이 150만 원이 들고 판매가는 160만 원이라고 하자. 당연히 1대를 추가 생산해야 10만 원의 이윤이 더 늘어난다.

여기에서 1대 더 생산하는 데 드는 비용을 한계비용이라고 하고 더 늘어나는 수입을 한계수입이라고 한다. 그러니까 한계수입이 한계비용보다 많을 때는 생산을 늘려야 이윤이 증대된다. 101대에서 하나를 더 추가해 102대를 생산할 것인가도 바로 한계비용과 한계수입을 비교해 결정해야 한다. 총이윤을 크게 하는 것이 기업의 목표이다. 하지만 실제로는 하나하나 추가되는 마지막 생산단위에 따라 이윤의 크기가 결정된다. 한계비용과 한계수입은 수시로 변화하므로 항상 마지막 단위에서 손익 여부를 현명하게 판단하여야 한다. 이것을 한계원리라고 한다.

다른 예를 하나 더 들어보자. 300명이 탈 수 있는 제주행 여객기를 한

편 띄우는 데 3,000만 원의 비용이 든다고 하자. 그러니까 승객 한 사람당 평균비용이 10만 원인 셈이다. 출발할 시간이 다 되었는데 승객은 290명만 탔다고 하자. 10개의 빈자리를 어떻게 처리하는 것이 현명한가? 공항 지점장의 책임이다. 5만 원이라도 받고서 추가로 승객을 모아야 할까? 아니면 평균비용(10만 원)에 못 미치니 태워서는 안 되는가? 경제학의 세 번째 계명은 당연히 5만 원이라도 받고 더 태우라는 것이다. 평균보다는 한계원리로 판단해야 하기 때문이다. 한 명이 더 탔을 때 추가적인 한계비용이 얼마나 더 들겠는가? 땅콩과 주스 한 잔 이외에는 별것이 아닐 것이다. 그렇다면 한계수입(5만 원)이 한계비용보다 많지 않은가. 따라서 한 사람이라도 더 태워야 총이윤이 증대된다.

모든 경제적 의사결정에서는 한계원리가 중요하다. 생산이나 소비 하나를 더하는 순간, 추가되는 수입과 비용을 평가해야 한다. 과거에 집착하여 평균만 살펴보면 안 된다. 한계상황에서 합리적인 결정을 해야만 경제적 이익이 극대화된다. 아무리 평균 기록이 좋아도 '다음 한 타'를 제대로 쳐야 게임에서 승리할 수 있지 않은가. 어제 기록이 나쁘다고 너무 실망하지 말자.

6

세상을 움직이는 힘

'하지원이 매니저와 헤어진 까닭은?'

어느 일간지에 소개된 연예가 파일이다. 방송작가 백현락은 드라마 〈비밀〉에서 열연한 스타 하지원의 사례를 들면서 연예인들의 이별의 법칙을 상세히 소개하였다. 제1조는 잘 나갈 때 헤어지는데 그 이유는 다양하지만 결국은 '돈 때문'이라고 한다. 결별의 뒤에는 다른 매니저가 있어 위약금과 계약금 등이 결별을 부추긴다는 것이다. 또한 믿는 도끼에 발등 찍히며 순식간에 감쪽같이 헤어진다는 것이다. 나아가 헤어지면 더 잘된다고 지적하고 있다. H.O.T의 해체도 이런 현상일까? 연예가에 문외한인 경제학자에게는 매우 흥미 있는 사례로 받아들여진다.

돈 때문에 헤어지고 헤어지면 더 잘된다는 연예가의 일정한 법칙은 그대로 경제학의 네 번째 계명이라고 할 수 있다. 즉, 사람들은 모두 인센티브에 반응한다는 것이다. 헤어지면 더 잘 벌고 헤어지면 더 잘된다니 이런 유혹에 배겨날 사람이 얼마나 많겠는가. 아마도 연예계에는 물질적 인센티브에 따라서 움직이는 세태가 더 극명히 반영되어 있는지도 모르겠다.

그러나 이런 현상은 어디에서나 일반적으로 나타난다. 물론 인센티브는 단지 물질적 인센티브만은 아니다. 물질적 인센티브가 주류를 이루지만 어떤 형태로든 더 좋은 대우를 받으면 움직인다는 것이 경제학의 법칙이다.

가격이 비싸면 적게 쓰고 소득이 올라가면 많이 쓴다. 더 많은 부담은 피하고 더 많은 보상이 주어지면 적극적으로 움직인다. 인센티브에 따라 움직이는 것은 너나 할 것 없이 인류가 지구 상에 존재하는 한 누구에게나 보편적으로 적용되는 현상의 하나다.

따라서 인센티브에 반응하는 속성이 정책에서도 널리 활용된다. 전용차선 위반에 대한 과태료나 남산터널의 통행료를 보라. 얼마나 인센티브에 민감한가. 밥그릇 수에 따른 호봉제보다는 연봉제를 채택하는 것도 인센티브에 따라 더욱 열심히 일하게 하는 당근인 셈이다. 쓰레기 종량제, 여름철의 전력요금 누진제, 심야 전력의 할인도 모두 인센티브를 활용하여 자원을 효율적으로 활용하자는 것이다. 고시에 합격만 하면 일생이 달라지기 때문에 전공에 불문하고 그렇게 많은 학생이 거기에 매달리는 것이다.

능력껏 일하고 필요에 따라 보상받는다는 사회주의 제도는 잘못된 인센티브의 표상이다. 자신의 노력과 보상이 연결되지 않았기 때문에 아무도 열심히 일하려는 인센티브가 주어지지 않았던 것이다. 그래서 북한에서는 자신이 경작하는 조그만 텃밭보다 집단농장의 생산량이 형편 없는 것 아니겠는가.

1970년대 후반 20세 중반의 경제학자 그로스먼은 스탠퍼드에서 와튼으로 교수직을 옮겼다. 경제학 교수의 평균연봉은 당시에 4만 달러에도 미치지 못했지만, 그는 20만 달러 이상의 연봉을 받고 직장을 옮겼다고 한다. 화제가 된 그에게 〈뉴욕타임스〉 기자가 물었다.

"뭔가 잘못된 것 아닙니까? 대학이 어떻게 젊은 교수 한 사람에게 그렇게 많이 줄 수 있습니까?"

"내 생각에도 상당히 잘못된 것 같다. 이런 환경에서 어떻게 미국 사회가 발전을 기대하겠는가? 나같이 유망한 학자에게 그렇게 밖에 주지 못하니, 누가 학문을 꿈꾸겠는가?"

인센티브는 사회에 주는 신호가 된다. 인센티브가 제대로 설정되어 있어야만 사회가 바람직한 방향으로 발전할 수 있다. 잘한 사람에게 제대로 보상하는 제도가 정립되어 있어야만 한다. 물론 인센티브는 결코 돈만이 아니다. 다른 형태의 인센티브라도 좋다. 그러나 경제학의 계명을 위반한 조직은 미래가 보장되지 않는다.

비록 사람만이 아니다. 인센티브는 동물도 움직이게 하는 것 같다. 흰쥐를 대상으로 가격변동에 반응하는가를 실험한 결과를 보면, 그 세계에서도 가격변동에 반응하는 행동이 나타난다. 먼저 두 개의 누름단추(레버)를 설치하고 각 단추를 누를 때마다 불이 켜지며 물과 음식을 별도로 제공해준다. 그리고 하루에 누를 수 있는 횟수를 20번으로 제한하여 전체 공급량을 제한하였다. 그러니까 쓸 수 있는 예산을 일정 수준으로

정한 것이다. 각 단추를 하루에 20번 이상 누르면 빨간 불이 꺼지며 더는 물과 음식이 공급되지 않게 한 것이다.

　먼저 단추의 제한 횟수를 늘려서 쓸 수 있는 예산을 증액시켜주니 당장 두 재화의 소비량이 많이 증가했다. 다음에는 가격을 올려 보았다. 제한 횟수를 고정하고 단추를 누를 때 공급되는 물과 음식의 양을 줄인 것이다. 결과는 놀라웠다. 가격이 비싸니까 적게 먹더라는 것이다 (Kagel, Battalio, Rachlin, 동물의 수요곡선 실험결과). 비록 이런 실험이 아니라도 강아지를 훈련하면, 얼마나 인센티브에 민감하게 행동하는가를 쉽게 알 수 있지 않은가.

7

누이 좋고 매부 좋은 거래

내 가난함으로

세상의 어딘가에서

누군가가 배부릅니다

내 야윔으로

세상의 어딘가에서

누군가가 살이 찝니다

내 서러운 눈물로

적시는 세상의 어느 길가에서

새벽밥같이 하얀

풀꽃들이 피어납니다

세상의 풍요로움도 누군가의 숨은 희생 위에 피어나는 것인가 보다. 이런 현상이 지나치면 합해서 영零이 되는 제로섬zero-sum의 세상이 되기 쉽다. 그러면 세상에서 얻을 수 있는 것은 고정되어 있는데, 누가 얼마를 가져가느냐만 다투는 게임을 하게 된다. 그러나 다행히도 세상은 서로가 서로에게 도움을 주면서도 더 많은 이익을 창출할 수 있는 포지티브섬positive-sum인 경우도 많다.

"각자가 자기 혼자만으로는 자급자족하기 어렵다. 많은 것을 필요로 해서 서로 다른 사람을 불러서 필요한 여러 일을 하는 것이다. 나아가 많은 사람이 협동자요, 원조자이면서 같이 모여 사는 나라를 만들게 되는 것이다."

기원전 400여 년 전에 플라톤은 《국가Politeia》에서 소크라테스를 통해 교역이 국가의 기원이라고 설파하고 있다. 최소한 "농부 한 사람, 건축공 한 사람, 옷을 짜는 직조공 등이 반드시 있어야만 의식주를 해결하며 나라가 성립될 수 있다"고 했다. 서로가 능력에 따라 서로에게 도움을 주어야 자신의 생활도 더 윤택해질 수 있다.

경제학의 다섯 번째 계명이 바로 교역이 서로에게 도움을 준다는 것이다. 한 나라 안에서 일어나는 거래가 왜 도움이 되는가는 자명하다. 우리는 이웃과 때로 경쟁하며 살아간다. 다른 이웃 때문에 시험에서 낙방하기도 하고 일자리를 잃기도 한다. 그러나 세상에 혼자만 산다고 가정해보자. 아무리 돈이 많다한들 무엇에 쓰겠는가? 집이나 옷 한 벌 제대로 구하기 어려울 것이다. 각자의 능력에 따라 상품과 서비스를 제공하고 서로 교환해야만 한다. 그래야 나도 행복해지고 남의 즐거움도 커지게 된다.

국가 간의 교역도 마찬가지다. 우리 제품이 일본이나 중국과 경쟁한다고 야단이다. 하지만 이것은 결코 스포츠 게임과 같지 않다. 우리 경쟁력이 월등하여 경쟁대상국을 모두 제압한다고 가정해보자. 수출시장에서 경쟁국은 사라진다. 하지만 다른 한편으로는 우리 제품을 수입할 시장도 줄어들지 않는가. 또한 우리가 값싼 부품을 수입할 나라도 없지 않은가. 국제간의 교역은 복잡하게 얽혀 있지만 경제학의 원리는 역시 무역이 모든 당사국의 후생을 증대시킨다는 사실이다.

구체적인 사례를 생각해보자. 한국은 자동차를 생산하는 데 노동력과 자본을 합해서 100단위가 투입되고 같은 규모의 직물을 생산하려면 150단위가 들어간다고 하자. 반대로 중국은 자동차와 직물에 각각 150단위와 100단위면 충분하다고 하자.

만약 우리가 자동차와 직물 모두를 생산한다면 자원 250단위를 투입해야 한다. 그러나 자동차 두 단위를 생산하여 하나는 사용하고 하나는 중국에서 직물과 교환한다면 어떻게 되는가. 200단위만 투입하면 모든 것이 해결된다. 50단위의 생산요소를 절약할 수 있다. 각자가 값싸게 만들 수 있는 것을 생산하여 서로 교환하면 모두 이익을 본다.

이 원리는 일상에도 그대로 적용된다. 원고작성, 자료입력, 프로그래밍을 모두 한 사람이 담당하는 것이 바람직한가? 그렇지 않다. 능력에 따라 분업을 하고 그 결과를 교환하는 것이 더 이익이다. 내가 한 일과 다른 사람이 한 일을 서로 교환하는 세상이 모든 사람을 살찌우게 한다.
그래야만 조직도 살아남고 세상의 길가에 풀꽃도 만발한다.

8

부자 나라, 부자 아빠

사람들은 누구나 물질적으로 풍요한 생활을 원한다. 누구나 부의 상징인 돈으로부터 자유로워지고 싶어 하지만 결코 쉬운 일이 아니다. 돈이 없으면 없어서 마음 아프고 많으면 많아서 고민거리가 생긴다. 중국 사람들은 죽은 사람의 관 속에 저승에서 쓸 명부冥府 화폐까지 넣어준다고 한다. 영혼도 돈으로부터는 자유롭지 못한가 보다.

그래서 우리 모두 '가난한 아빠'보다는 '부자 아빠'가 되고 싶어 한다. 로버트 기요사키가 쓴 베스트셀러의 제목이다. 저자의 말처럼 "가난한 사람들은 인생은 물론 영혼까지도 돈에 의해 통제를 받는다. 하지만 부자는 돈의 속박에서 벗어나 오히려 돈을 지배"하고 있기 때문이리라. '부자 아빠'가 되는 비결만 터득할 수 있다면 세상살이가 얼마나 편해지겠는가. 그러나 그렇게 많은 비방이 소개되어도 아직은 부로부터 자유로운 사람이 그리 많지는 않은 것 같다.

경제학도 부를 다루는 학문이어서 그 십계명에는 물질적인 풍요를 위한 명제가 포함된다. 그것이 바로 풍요로운 생활을 하기 위해서는 먼저 국가 전체의 생산능력이 확충되어야 한다는 것이다. 전체가 나눠 가질 수 있는 몫이 작다면 어떻게 많은 사람에게 배분할 수 있겠는가. 따라서 국민의 생활수준이 향상되기 위해서는 먼저 경제 전체의 생산능력이 늘어나야 한다.

그렇다면 생산능력은 어떻게 결정되는가. 우선, 경제에 투입될 수 있는 자원이 가장 중요한 변수가 된다. 노동력, 자본, 토지, 자원, 기술 등 생산을 위해 필요한 요소의 절대적인 양과 질적 수준이 어느 정도인가가 중요하다. 다음은 이런 요소들이 얼마나 효율적으로 활용되는가를 파악해야 한다.

주어진 생산요소를 가장 효율적으로 활용했을 때 달성할 수 있는 최대 생산규모를 경제학에서는 '생산가능선production possibility frontier'으로 나타낸다. 생산가능선이 바로 국민경제가 도달할 수 있는 잠재적인 최대 생산점이 된다. 또한 이 선은 국민이 누릴 수 있는 물질적 풍요의 한계를 나타내는 것이기도 하다.

따라서 생산가능선을 더 확장시킨다면 물질적인 풍요로움도 더 증대시킬 수 있다. 두 가지 방법이 있다. 하나는 생산요소의 절대량을 늘리는 것이다. 또 하나는 기술혁신을 통해 효율성을 증대시키는 것이다. 노동력과 자본 등 투입량을 증대시키는 것은 전자에 속하고 기술혁신을 통해 같은 투입량으로도 더 많은 양을 생산하는 것은 후자에 속한다. 일반적으로 절대량은 단기에 늘리기 어렵지만 기술개발을 통한 생산가능선의 확장은 언제나 가능하다.

1960년대 이후 우리의 경제발전도 생산가능선을 확장시켜온 과정이라 할 수 있다. 절대 투입량을 증대시키고 다른 한편으로는 기술혁신을 통해 효율성도 제고시킨 것이다. 동아시아 경제가 1990년대 후반에 위기를 맞게 된 원인이 효율성의 제고보다는 절대 투입량에 의존한 성장 패턴 때문이라는 지적도 있다. 투입량으로 생산가능선을 확장시키면, 어느 날 투입규모가 줄어들면 생산가능선도 줄어들 수밖에 없기 때문이다.

물론 주어진 생산요소마저 효율적으로 사용하지 못한다면, 실제 생산은 생산가능선보다도 낮은 점에서 이루어질 수밖에 없다. 따라서 국민의 풍요수준도 향상될 수 없다. 생산성이 중요한 또 다른 이유가 바로 여기에 있다. 우리 모두가 물질로부터 자유로워지려면 주어진 것을 효율적으로 활용하는 지혜부터 터득해야 한다. 부자가 되기 위한 최소한의 필요조건이다.

9

에비타 신화

사생아로 태어나 사회적 멸시를 받으며 자라온 마리아 에바 두아르테. 그녀는 영화배우의 꿈을 안고 나이트클럽의 댄서로 시작하여 라디오 방송국 성우로 진출한다. 1944년 어느 날 난민구제기관에서 당시의 노동부 장관이었던 후안 페론을 만나게 된다. 이 만남은 두 사람의 운명을 완전히 바꿔놓는다. 아르헨티나의 정치적 격변기에 에바는 드디어 퍼스트레이디로 등극한다.

에바는 자신이 당한 소외와 멸시를 잊지 못해서 권좌에 있으면서도 남편을 앞세워 불평등을 척결하기 위한 운동에 집착한다. 특히 노동자들의 편에서 수많은 복지정책을 남발한다. 에바는 한때 부통령 후보로 추천되지만, 33세의 젊은 나이로 세상을 떠난다. 국민의 비탄 속에 그녀는 사라지지만 '에비타의 신화'는 영원히 아르헨티나에 남게 된다. 영화와 뮤지컬로 전 세계에 널리 알려진 〈에비타〉의 줄거리이다.

실제로 아직도 아르헨티나는 에비타의 신화에서 벗어나지 못하고 있다. 짧지만 파란만장했던 여인의 그림자가 아직도 드리워져 있는 것은 어쩌면 매우 단순한 이유에서다. 인기에 영합한 복지정책을 무분별하게 시행한 지 60년이 지났지만, 아직도 아르헨티나는 과거의 버거운 유산을 청산하지 못하고 있기 때문이다.

에비타 이후로 페론의 재집권, 후처 이사벨의 집권, 군정이 계속되는 가운데 경제는 더욱 침체하고 유괴와 살해된 사람만도 1만 명이 넘었다고 한다. 한때 세계 7위의 경제 대국이 몰락하는 과정에 겪었던 참상이다. 최근 아르헨티나는 금융위기의 가능성이 가장 높은 나라로 거론되고 있지 않은가.

아르헨티나의 몰락은 정치와 경제실정이 복합적으로 작용한 결과이다. 그러나 경제적 관점에서 가장 대표적인 실패의 원인을 찾는다면, 역시 형평과 효율이 같이 갈 수 없다는 십계명을 위반했기 때문이다. 일하지 않는 사람에게 월급을 주고 연금도 충분하며 복지혜택이 많아 모든 사람이 잘 산다면 얼마나 천국 같은 세상이겠는가.

그러나 경제학에서는 공짜 점심이 없다고 했다. 누가 이 비용을 다 감당할 수 있겠는가. 우선 일하지 않아도 모든 생계가 해결될 수 있다면 누가 열심히 일하려 하겠는가. 사회 전체적으로 효율이 크게 저하될 수밖에 없다. 실제 아르헨티나에서는 대학까지의 교육비와 공립병원의 의료비용이 무료이며, 실직 후에도 높은 수당을 받는 등 페론당으로부터 물려받은 유산이 너무나 많다.

물론 복지정책의 중요성은 아무리 강조해도 지나치지 않다. 그러나 평등이나 형평을 지나치게 강조하여 일하지 않고도 혜택을 받는 제도가 도입되면 평등을 추구할 수 있는 재원을 확보할 수 없는 것이다. 경제학에서 효율은 자신이 일한 것만큼 보상받을 때 가장 높게 결정된다. 따라서 효율성을 높이려면 열심히 일한 사람이 일한 대가에 따라 적절하게 보상을 받을 수 있는 제도를 정립시켜야 한다. 반대로 일한 것과 관계없이 누구나 혜택을 받게 하면, 비록 형평이나 평등은 개선될지라도 효율성은 저하된다. 사회주의의 붕괴도 여기에서 비롯된 것 아닌가.

효율성이 높아야 적은 자원으로도 많은 것을 생산할 수 있다. 효율적인 제도가 뒷받침되어야만 기업가가 '자신의 이익'을 위해서 열심히 일한다. 또한 '자신을 위해' 일한 결과가 고용을 창출하고 생산을 증대시켜 국민경제에 이바지하게 된다. 효율이 낮으면 당연히 기업의 경쟁력이 높아질 수 없다.

물론 효율만 지나치게 강조하면 일할 능력이 없거나 부당한 대우를 받는 소외계층이 등장할 수 있다. 효율성을 이유로 부익부 빈익빈을 내버려두면 사회적 불균형을 가져온다. 따라서 지나친 효율 만능주의 역시 또 다른 부작용을 유발할 수 있다. 형평과 효율은 서로 양립할 수 없다. 단지 서로 균형점에서 조화되어야 할 뿐이다. '에비타 신화'의 빛과 그림자가 이 계명에서 서로 엇갈리고 있다.

10

돈이 화를 부른다

　신문 한 부 값이 얼마면 적당할까? 1921년 1월 독일에서는 일간지가 0.30마르크였다고 한다. 그 후 2년이 채 안 된 1922년 11월, 같은 신문의 값이 7,000만 마르크로 뛰어올랐다. 독일경제가 제1차 세계대전의 충격에서 헤어나지 못하던 시절이었다. 글자 그대로 천문학적인 숫자 아닌가. 경제학 교과서에 회자되는 역사적 사례이다.

　신문뿐만이 아니었다. 종이 대신 지폐로 도배를 하는 게 더 저렴했다니 쉽게 상상이 가지 않는다. 어떻게 그럴 수가 있겠는가? 가장 큰 이유는 돈을 너무 많이 찍어냈기 때문이다. 돈을 너무 많이 찍으면 항상 부작용이 따른다. 이것 역시 기억해두어야 할 경제학의 계명이다.

　돈의 생리는 알다가도 모를 일이다. 없어도 문제고 많아도 문제이니 균형을 찾기가 매우 어렵다. 화폐를 많이 찍어내면 돈의 값인 이자율이 떨어진다. 이자율이 떨어지면 이자 수입이 줄어든다. 다시 말하면, 현금을 보유해도 큰 손실이 발생하지 않는다. 현금의 보유비용이 줄어드는 셈이다. 그래서 예금보다는 현금을 선호하게 되고 나아가 더 많이 쓰게 된다. 그런 이유로 소비가 늘어나고 금융비용이 줄어들어 기업의 투자도 증가한다. 따라서 경제 전체에 수요가 늘어나는 셈이다.

수요가 부족할 때는 당연히 이러한 경기부양 정책이 필요하다. 그러나 일정 수준을 넘어서면 수요가 공급보다 많은 상태가 되어 경기는 과열되고 물가는 상승한다. 따라서 돈을 찍어내거나 이자율을 내리면 경기부양의 효과가 나타난다. 하지만 이것이 너무 지나치면 항상 비용이 따르게 된다.

최근 2008년 금융위기 이후 미국을 비롯한 주요 선진국들은 금리를 낮추고 통화량을 확대하는 정책을 펴왔다. 특히 미국의 달러 공급량은 엄청나게 증가하였다. 물론 경기부양을 위한 정책이다. 하지만 경기회복은 늦어지고 한편으론 유동성 증대에 따른 불안이 가중되고 있다. 달러의 공급이 늘어나자 달러 가치의 안정성이 위협받고 금을 비롯한 귀금속의 가격이 폭등하였다. 원유를 비롯한 기초 원자재의 가격도 대폭 상승하였다. 이런 저금리와 유동성 공급 정책으로 경기가 곧 되살아나야 하는데, 아직은 잠에서 깨어나지 못하고 있다. 언제 유동성 확대정책이 빛을 볼 수 있을까?

실제 금리 인하의 효과는 세계 금융위기 이전까지 지난 40년 동안 미국경제에서 대체로 기대한 대로 나타났다. 그러나 문제는 상당한 시차를 갖고 움직인다는 사실이다. 예를 들어 1퍼센트포인트의 금리 인하는 최소한 6~9개월을 기다려야만 효과가 나타나기 시작해서 1년이 지나야 성장률을 0.6퍼센트 높이고, 2년이 지나면 1.7퍼센트를 올려준다는 것이다. 따라서 이런 추세대로라면 2008년부터 시작된 유동성 확대정책이 이미 효과를 나타냈어야만 한다. 그러나 금융위기에 뒤이은 EU의 재정위기와 세계경제의 침체가 미국에서의 금융정책의 효과를 반감시키고 있다.

일부에서는 경제구조가 바뀌었기 때문에 금리 인하의 효과가 반감되었다고 주장한다. 그러나 계명대로라면 지나친 금리 인하는 큰 부담으로 작용할 가능성이 높다. 벌써 일부에서는 경기회복이 이루어진 이후 인플레이션의 부작용을 경고하고 있다. 계명이 더는 유효하지 않은 것인가, 아니면 시간과의 싸움인가?

만약 금융정책이 균형을 찾지 못한다면 경제는 술 취한 사람이 운전하는 것과 같이 움직인다. 경기가 침체에 빠졌을 때는 돈을 너무 많이 풀어 과열과 인플레이션이라는 우측 차선을 침범하게 한다. 반대로 과열된 경기를 식힌다고 너무 긴축하면 좌측 차선으로 빗나가 버린다. 갈지之자로 움직이는 것이다. 적어도 걱정이고 많아도 걱정이다. 돈은 이래저래 많은 고민거리를 만든다.

11

벨리 포지의 교훈

1777년 겨울은 조지 워싱턴에게 너무나 혹독했다. 당시 워싱턴은 미국 독립혁명군의 총사령관으로서 펜실베이니아 주 벨리 포지에서 힘겨운 전투를 치르고 있었다. 그의 적은 영국군과 헤시안 용병만이 아니었다. 그의 군대는 살을 에는 추위에다 극심한 식량부족으로 거의 아사 상태에 빠져 있었던 것이다. 이런 상태에서 어떻게 전쟁의 승리를 기대할 수 있었겠는가?

아이러니하게도 그의 군대를 이렇게 처참하게 무력화시킨 또 다른 적은 전혀 엉뚱한 곳에 있었다. 그것은 바로 아군을 위해 제정한 가격통제법이었던 것이다. 현지에 주둔해 있는 워싱턴의 주력부대를 돕기 위해 펜실베이니아 주는 1777년에 식량을 포함한 군수물자의 가격을 통제하는 법안을 제정하였다. 입법 의도는 누가 봐도 정당한 것이다. 식량과 의류의 가격을 통제하여 군비부담을 줄이고 충분한 물자를 공급하여 전투력을 향상시킨다는 것이었다. 그러나 결과는 전혀 반대로 나타났다. 통제받지 않은 물자와 수입재의 가격은 폭등했고 고시 가격에 불만을 느낀 농부들은 식량을 내놓지 않았다. 일부에서는 오히려 적군인 영국군에게 더 비싼 값으로 금을 받고 팔아버렸다. 이런 상황에서 군인들이 어떻게 아사를 면할 수 있었겠는가.

역사책에 나오지 않는 공포의 적, 가격통제법. 드디어 1778년 6월, 13개 주의 연합의회였던 대륙회의는 워싱턴의 참패를 교훈 삼아 "재화에 대한 가격통제는 유효하지 않다. 그뿐만 아니라 공공 서비스를 극도로 악화시키므로 다른 주에서도 유사한 법령을 제정하지 말 것"을 결의하였다. 그러나 이미 한 번의 실험으로 엄청난 비용을 치른 후였다.

이 경험 속에 또 다른 십계명이 숨어 있다. 정부의 '보이는 손'은 만병통치약이 아니라는 것이다. 오히려 거의 모든 문제는 시장에서 해결되고, 정부의 역할은 제한적이다. 시장에서 해결되어야 할 일에 정부가 개입하면 시장은 엉뚱하게 반응한다. 모든 국민이 애국자라면 그 전장에서 왜 식량을 아군에게 공급하지 않겠는가. 아무리 가격이 낮아도 무료로라도 제공하지 않겠는가.

그러나 경제현상은 반드시 윤리나 규범으로만 움직이는 것이 아니다. 경제주체가 인센티브에 따라 움직인다는 계명을 살펴보지 않았는가. 아무리 엄격한 법령에 대해서도 시장은 입법 의도와 다르게 움직일 수 있다. 그래서 왜곡된 결과를 가져온다. 때로는 왜곡의 정도가 지나쳐 회복할 수 없는 부작용을 가져오기도 한다. 그렇기 때문에 정부의 개입은 항상 제한적으로 이루어져야 한다.

그렇다면 어떤 경우에 '보이는 손'이 약손이 될 수 있는가. 시장이 실패하는 경우에 개입하라고 한다. 예를 들면, 시장이 누구 한 사람의 손에서 놀아날 때 약손이 필요하다. 바로 독점기업이 시장지배력을 행사하는 사태이다. 도로, 항만, 공항, 공원 등 공공재를 공급할 때도 정부가 필요하다. 시장에 맡기면 수익성이 낮아서 아무도 시설을 확충하지 않기 때문이다.

환경문제와 같이 제삼자에게 엉뚱한 영향을 미칠 때에도 정부의 개입이 필요하다. 화학공장에서 배출하는 오염물질이 환경을 오염시켜 주변 사람들에게 영향을 주는 사례이다. 시장의 공급자와 수요자와는 관계없이 많은 사람에게 피해를 주기 때문에 정부가 무엇인가 역할을 해야 한다. 이런 경우 이외에는 정부가 시장보다 비효율적이다.

'보이는 손'이 수시로 등장하면 약효가 떨어진다. 너무 많은 약을 쓰면 이것 역시 부작용을 유발한다. 때로는 그 약화藥禍가 전쟁의 참패를 가져올 수도 있다. 손의 마력만 믿고 벨리 포지의 교훈을 잊어서는 안 된다.

돈이 되는
경제 상식

1

알려진 정보는 가치가 없다

해마다 명절이면 민족의 대이동으로 전국의 교통대란을 피할 수 없다. 과연 언제 어떤 길을 선택해야 가장 빨리 갈 수 있을까? 올해도 자정 무렵 떠나야 하나, 아니면 아예 토요일 오후에 유유히 떠나야 하나. 아무래도 잠든 아이 녀석을 깨워 새벽 3시쯤 떠나야 할 것 같다! 자신의 경험, 교통정보, 남들의 행동에 대한 기대와 확률 등 모든 자료를 동원하여 머리를 굴린다. 과연 얼마나 적중할 수 있을까?

실패는 성공의 어머니라 했다. 하지만 올해도 고향길에는 자신의 예측이 빗나간 운전자들이 가득할 것이다. 과연 정확하게 예측할 방법이 없을까? 이것은 복잡한 정보의 게임이다. 내가 어떤 정보를 토대로 예측하느냐가 중요한 것이다.

먼저 나 혼자만 똑똑하다고 생각해보자. 남들은 모두 중부고속도로를 선택했는데 나만 유유히 경부고속도로를 달린다면 비행기가 부럽지 않을 것이다. 나만 정확한 예측을 했고 남들은 모두 잘못된 기대를 한 셈이다. 천재적 기질을 가졌다고 뽐낼 만하다. 그러나 미디어가 발달한 요즘에 어디 가능한 얘기인가?

생각을 정반대로 바꿔보자. 세상 사람들은 모두 교통정보를 정확히 듣고 출발했다. 그런데 '나'는 그저 내키는 대로 달리는 사람이다. 이 경우 많은 사람이 교통정보를 정확히 알고 있었다면 교통량은 적절히 분산될 것이다. 경부고속도로가 막힌다는 것을 알고 있으므로 중부고속도로로 분산되고 중부고속도로가 막히면 다시 소통이 원활한 다른 길로 분산될 것이다. 어느 길로 가나 마찬가지다. 따라서 결과적으로 보면 교통정보가 큰 도움이 되지 않는다. 사전에 아무것도 알지 못하는 '나'는 어떻게 되나? '나' 역시 어느 길로 가건 마찬가지다. 정보를 알고 있는 사람이나 모르는 사람이나 큰 차이가 없다.

그래서 증권시장에는 "소문에 사서 뉴스에 팔라"는 말이 있다. 모든 사람이 공유하는 정보는 큰 가치가 없다는 얘기이다. 왜 그러할까? 사람들이 모두 주어진 정보를 활용하여 합리적 기대rational expectation를 하기 때문이다.

정부가 경기를 부양하기 위해 통화량을 5퍼센트 늘린다고 생각해보자. 근로자들은 모두 이 정보를 신문이나 방송을 통해 알게 된다. 이 정보를 활용한 근로자의 '합리적' 기대는 앞으로 물가도 오르리라는 것이다. 과거의 경험, 정보, 경제지식을 활용한 합리적 기대이다. 그렇다면 임금도 그만큼 올라야 한다. 결과는 어떻게 되나. 통화량을 늘려 이자율을 낮추고 투자를 활성화해 경기를 부양시키려는 노력은 임금인상이라는 복병을 만나 성공하지 못한다. 결국은 물가와 임금만 올려놓은 채 실물경기는 그대로 침체상태에 있게 된다. 모든 사람이 알고 있는 통화량 증대정책의 효과는 나타나지 않게 되는 것이다.

사람들이 모든 정보를 활용하여 합리적으로 기대를 형성하면 뉴스로 알려진 정책의 효과는 나타나지 않는다. 미리부터 그 정책의 효과를 가정해서 행동하기 때문이다. 오히려 아무도 기대하지 않던 충격적인 정책이 더 효과적이다.

그러나 과연 모든 정책에 대해 얼마나 많은 사람이 '합리적 기대'를 할 수 있을까? '합리적 기대' 이론의 주창자인 로버트 루커스 교수도 자신의 '비합리적' 기대 때문에 50만 달러를 잃었다고 한다. 자신의 미래를 '합리적'으로 예측하지 못하고 전 부인 리타와의 이혼합의서에 노벨상을 받게 되면 상금의 50퍼센트를 준다는 조항에 서명했기 때문이다. 리타는 어떤 길이 뚫릴 것인가를 제대로 예측했지만, 루커스는 자신의 잠재력도 합리적으로 기대하지 못한 셈이다.

2

개미들의 위험한 행진

9·11 테러의 와중에서도 엉뚱하게 대박을 터뜨린 사람들이 있었다. 유나이티드 항공과 아메리칸 항공 등 주요 항공사들과 투자은행들은 테러가 발생하기 직전 주가 하락 시에 이익을 챙길 수 있는 옵션거래를 해 대박을 터뜨린 것이다. 테러를 미리 알았던 것일까? 그러나 이것은 미국에서만 있었던 일은 아니었다. 서울의 증권시장에서도 9월 12일 하루만에 무려 504배의 수익을 올린 옵션거래가 있었다.

당시 13일이 만기인 옵션 행사가격(62종목)이 0.01에서 5.05로 마감되었다. 주가로 치자면 1,000원짜리가 50만 5,000원으로 치솟은 셈이다. 그날 54만 건의 거래에서 발생한 차액이 1,000억 원이 넘었다고 한다. 옵션이 무엇이기에 이런 대박이 가능한 것일까? 옵션은 적은 돈으로 많은 이익을 챙길 수도 있다는 데 매력이 있다. '적은 판돈'으로 '큰 이익'을 얻을 수도 있다면 도박이나 복권과 속성이 유사한 것 아닐까? 실제

옵션은 복권과 도박의 속성을 모두 갖고 있다.

삼성전자의 주식을 지금부터 한 달 후에 40만 원에 살 수 있는 권리를 갖는 계약을 생각해보자. 살 수 있는 권리를 부여하는 것을 '콜옵션call option'이라고 한다. 그 옵션의 가격이 3,000원이고 한 달 후 삼성전자의 주식이 50만 3,000원이 되었다고 해보자. 그럼 콜옵션을 행사하여 40만 원에 주식을 인수하면 10만 원의 이익이 생긴다. 만약 40만 원 이하로 떨어졌다면 주식을 살 수 있는 권리를 포기하고 옵션을 행사하지 않으면 그만이다. 옵션 가격 3,000원만 손해 보는 셈이다. 따라서 손실의 최대 규모는 3,000원이지만 이익은 무한대로 커질 수도 있다. 이것이 바로 옵션의 특징이다.

물론 주식 값이 내려가면 오히려 이익을 보고 올라가면 반대로 손해를 보는 옵션을 생각할 수도 있다. 이 경우에는 자신이 원하는 가격에 주식을 팔 수 있는 권리가 필요하다. 팔 수 있는 권리를 행사할 수 있게 하는 계약은 '풋옵션put option'이라고 부른다. 주가가 하락할 것으로 기대한다면 풋옵션이 더 유리하다.

옵션을 잘 활용하면 이론적으로는 주식 투자의 불확실성에서 벗어날 수 있다. 어떻게 가능한가? 어떤 사람이 1만 원짜리 주식을 한 달 후에 갚는 조건으로 빌려서 팔았다고 하자. 한 달 후에 그 주식이 5,000원으로 올라갈 확률은 10퍼센트밖에 되지 않는다. 만약 한 달 후에 예상대로 내려가면 5,000원의 이익을 보고 올라가면 반대로 5,000원을 손해를 본다.

이 상황에서 손해를 막기 위해 옵션이 필요한 것이다. 한 달 뒤에

9,000원에 그 주식을 살 수 있는 권리(콜옵션)를 1,000원에 샀다고 하자. 만약 주가가 5,000원으로 떨어지면 9,000원에 주식을 살 수 있는 콜옵션을 행사하지 않는다. 왜냐하면 시장에서 5,000원만 주어도 주식을 살 수 있기 때문이다. 그렇게 주식을 사서 1만 원에 되돌려주면 5,000원의 이익이 발생한다. 여기서 옵션에 지불한 1,000원을 빼도 4,000원의 순이익이 발생한다.

반대로 1만 5,000원이 된다면 콜옵션을 행사하여 9,000원에 주식을 산다. 이때는 1,000원의 이익이 발생하지만 옵션을 사기 위해 그 돈을 썼으므로 남는 게 없다. 떨어지면 이익을 보지만 올라가도 손실을 보지 않는 전략이 된다.

옵션을 적절히 활용하면 카지노 주인처럼 주식시장에서도 위험을 피할 수 있다. 그러나 카지노에서처럼 증권시장에서도 나무 뒤에 숨은 개인 투자가는 역시 '작은 손'에 불과하다. 복잡한 옵션거래를 통해 위험을 회피하려는 개미들의 꿈은 쉽게 이루어지지 않는다.

3

미시시피의 금광

역사상 가장 큰 충격을 주었던 버블현상을 거론하자면, 프랑스의 미시시피사를 빼놓을 수 없다. 당시 루이 14세에서 16세로 이어지는 프랑스의 봉건왕조는 부패와 사치로 악명이 높았다. 법관의 취임 선서문에까지 "나는 이 직책을 뇌물로 사지 않았다"는 서약이 들어 있었다는 사실은 거의 모든 관직이 돈으로 매매되었던 그 당시 상황을 잘 보여준다.

그런 시대적 배경을 안고 존 로John Law가 등장한다. 그는 1671년 영국의 스코틀랜드에서 태어나 런던에서 유학했다. 그는 사람을 죽인 죄로 투옥되었으나 가까스로 유럽 대륙으로 탈출한다. 그는 금이 곧 돈이었던 금 본위 제도 아래에서 금을 빚은 아버지의 영향을 받아 어렸을 때부터 돈을 만드는 일에 관심이 많았다. 그런 그는 파리에서 금 대신 토지를 담보로 돈을 발행할 수 있는 제도를 고안해냈다. 돈을 쓰고 싶은 사람은 은행에 토지를 맡기고 은행은 토지를 근거로 지폐를 발행하는,

말하자면 토지 본위 제도와 같은 지폐 제도인 셈이다.

루이 15세가 부임한 직후 존 로는 운 좋게도 왕실의 빚을 대납하는 조건으로 왕립은행의 설립권을 받아냈다. 이 은행은 토지를 담보로 은행권을 발행하고, 그 지폐는 언제라도 금으로 태환兌換할 수 있게 했다. 미국 대륙에 엄청난 토지를 가진 프랑스는 이 제도 아래에서 무한히 많은 지폐를 발행할 수 있기 때문이었다. 물론 금과 태환되는 조건이니 이 지폐의 인기는 대단했다. 그러나 태환을 보장하기 위해서는 엄청나게 많은 금이 필요하게 되었다. 그래서 존 로가 설립한 회사가 바로 '미시시피'이다.

미시시피사는 미국 루이지애나에서 금광을 개발하는 목적으로 설립되었다. 금이 있다는 확실한 증거는 부족했지만 금광 개발이라는 신비의 호재에 주가는 폭등하기 시작했다. 미시시피는 돈을 모으기 위해 주식 발행을 늘려나갔다. 주식은 돈으로 바뀌어 그 은행으로 되돌아왔다. 그러나 그 돈은 왕실의 빚 갚기에 충당되었을 뿐 금광 개발에는 투자되지 않았다. 그럼에도 사람들은 금으로 바꿀 수 있다는 믿음을 버리지 않았다.

이 거품의 끝은 어디로 갔겠는가. 지폐는 많이 풀렸지만 금광은 개발되지 않았고 물가는 폭등하기 시작했다. 지폐 가치가 하루가 다르게 폭락하였다. 어느 날부터인가 사람들은 미시시피사의 주식을 돈이 아닌 금으로 태환해 달라고 요구하였다. 그러나 그것은 불가능한 일이었다. 왕립은행은 태환을 금지한다고 발표했다. 그러자 사람들은 폭동을 일으켜 왕립은행은 붕괴되었다. 1720년 휴지로 변한 지폐 더미에 묻혀 경제는 큰 혼란을 겪었다. 존 로는 또다시 간신히 탈출하였지만 베네치아에서 무일푼으로 죽었다. 이 사건으로 프랑스 사람들은 한동안 은행을 믿지 않았다고 한다.

영국의 남해회사The South Sea Company 사건도 비슷한 시기에 발생했다. 당시 신대륙인 남미와의 독점적 무역권을 전제로 설립된 남해회사는 엄청난 인기를 얻었다. 너도나도 미지의 세계인 남미와의 교역에서 엄청난 수익을 올리리라 기대했던 것이다. 그러나 거품을 알게 된 후 주가는 폭락했다. 결과는 프랑스에서와 같았다. 네덜란드 사람들이 튤립 공황을 겪었던 사건도 본질적으로는 모두 같은 내용이다. 꽃의 향기보다는 투기에 휘말려 5만 달러까지 치솟았지만, 역시 거품은 작은 한파에도 쉽게 꺼져버렸다.

버블에는 항상 공통점이 있다. 잘 알려지지 않은 신비로운 대상을 목표물로 삼는다. 그것이 갖는 잠재적 가치를 높게 평가하여 수없이 많은 사람을 동원한다. 거품이 수많은 물방울로 구성되어 있듯이 수많은 개미군단이 동조하지 않는다면 결코 버블은 일어나지 않는다. 돈을 좇는 우리의 나약한 심성이 거품을 만드는 공범자인 셈이다.

그러나 버블은 항상 여러 사람의 희생으로 소수가 이익을 챙기는 결과를 가져온다. 따라서 여타 범죄와는 달리 다수 공범자는 아무런 이익도 얻지 못한다. 단지 거품을 구별하는 혜안을 가진 사람만이 그 열풍을 피할 수 있을 뿐이다.

당시 남해회사의 피해자에는 만유인력의 법칙을 발견한 천재물리학자 뉴턴도 포함되어 있었다. 그는 사과가 떨어지는 것을 보고 자연의 대

법칙을 발견하는 혜안을 갖고 있었지만, 당시의 투기 열풍에서는 벗어나지 못하였다. 남해회사 사태에 휘말려 2만 달러를 날려버렸기 때문이다. 그는 투자에 실패한 이후 "나는 만유인력을 측정할 수 있어도 사람의 마음을 계측할 수는 없었다"고 고백했다.

4

짝사랑은 실패한다

"내 나이 열일곱, 그때 평생을 짊어질 그리움을 가졌다."

산속 마을 산리에 사는 홍연은 늦깎이 초등학생. 스물한 살의 총각 선생으로 부임한 수하와 마주친 후, 가슴 가득 밀려오는 첫사랑의 떨림으로 그를 사랑한다. 수업 후에도 교실 주변을 맴돌고, 일기장에 수줍은 사랑을 고백하지만 수하는 멀리 있기만 하다.

"날 아가씨라 불러준 첫 번째 사람, 왜 그를 보면 가슴이 아픈 걸까?"

총각 선생도 짝사랑의 열병을 앓기는 마찬가지다. 그 상대는 연인이 있는 동료 교사. 그러나 이 사랑은 결국 실패로 돌아간다. 홍연의 총각 선생에 대한 짝사랑은 설렘과 눈물로 하늘을 메운다. 전도연과 이병헌이 시골 마을을 배경으로 짝사랑의 애틋함을 풋풋하게 그려낸 영화 〈내 마음의 풍금〉의 이야기이다.

짝사랑은 언제나 애달프고 마음 졸이는 열병을 앓게 한다. 서로 다른 기대 때문에 짝사랑은 가슴 설레고 마음만 아플 뿐 실패로 끝나기 십상이다. 모두 같은 기대를 하고 있다면 더할 나위 없이 좋으련만, 마음이 서로 다른 사람도 많지 않은가.

경제학에서도 짝사랑의 논리를 생각할 수 있다. 한 사람은 이렇게 생각하는데 상대방은 엉뚱한 생각을 하는 경우다. 서로가 다른 방향의 기대를 하는 비대칭적 기대와 같다. 만약 홍연과 수하가 서로에 대해 같은 바람을 하는 대칭적 기대를 하고 있었다면, 홍연이 가슴 아파할 이유가 없지 않은가. 처음부터 포기하든가, 아니면 금세 뜨거워졌을 것이다.

기대는 물론 자신이 가진 정보가 바탕이 된다. 두 사람이 '같은 정보'를 갖고 '합리적'으로 행동했다면 비대칭적 기대를 할 이유가 없다. 서로 다른 정보를 갖고 있을 때 기대도 비대칭적이 된다. 짝사랑도 비대칭적인 기대와 정보에서 비롯되는 것 아닌가.

짝사랑이 가슴앓이를 만들어내는 것처럼 시장에서도 비대칭적 기대는 좋은 결과를 가져오지 않는다. 전형적인 사례가 농산물 시장이다. 작년에 양파가 흉년이 들어 가격이 폭등했다면 올해는 어떤 현상이 나타나겠는가. 어떤 농부는 나 혼자 양파를 많이 생산하여 수입을 늘릴 수 있다고 기대한다. 이 예측에는 다른 농부는 올해도 작년과 비슷하게 적게 생산할 것이라는 기대가 깔렸다. 그러나 다른 농부는 어떻게 기대하는가? 그 역시 나만 많이 생산해 수입을 늘릴 수 있다고 생각한다. 행동은 모두 같게 나타나지만, 다른 농부에 대해 서로 다른 기대를 하고 있는 것이다.

나는 많이 생산하지만 이웃은 적게 생산할 것이라고 기대한다. 반대로 이웃은 자신은 많이 생산하고 '나'는 따라오지 못할 것이라는 비대칭적 기대를 한다. 결과는 어떻게 되나. 서로에 대한 비대칭적 기대 때문에 모두가 생산량을 늘릴 것이고 가격은 폭락한다. 작년 가격과는 천지 차이가 된다. 만약 내가 생산을 늘리면 남들도 많이 생산할 것이라는 기대를 했다면, 가격은 그렇게 폭락하지 않으련만. 비대칭적 기대가 1년마다 폭등과 폭락을 거듭하는 주된 원인의 하나다.

비대칭적 기대는 여기에 그치지 않는다. 은행은 항상 우량기업에게 대출해 주고 싶어 한다. 하지만 우량기업은 돈을 그다지 빌리려 하지 않는다. 부실기업일수록 돈을 빌려야 하는 필요성이 커진다. 따라서 대출에서도 대여자와 빌리는 기업 사이에 비대칭적 기대가 형성된다. 기업이 자신에 대해 알고 있는 정보와 은행의 그 기업에 대한 정보가 대칭적이지 않기 때문이다. 이런 상태에서 대출이 이루어지면 부도가 나기 쉽다.

한쪽에서만 잘 알고 있는 거래는 짝사랑과 같이 실패하기 쉽다. 시장에서도 가슴앓이를 피하려면 거래 당사자가 서로에 대한 대칭적 정보와 기대를 하고 있어야 한다.

5

역선택이 만든 레몬 시장

사람들은 과연 얼마나 진실하게 자신의 의사를 표현할까? 사람들은 누구나 자신의 이익을 먼저 챙기려는 경제적 본능을 갖고 있다. 행여 조금이라도 손해를 볼까 봐 자신의 진정한 선호를 드러내지 않는 경우가 많다.

많은 사람이 그렇게 행동한다면 모두가 최선을 찾지 못하고 오히려 최악을 선택하게 될 수도 있다. 이런 현상을 '역선택adverse selection'이라고 한다. 따라서 대통령 후보 단일화에 반대하는 집단이 자신의 이익을 위해 진심을 밝히지 않고 사전조사에 엉뚱하게 답변한다면 오히려 경쟁력 없는 후보가 결정되는 전형적인 역선택이 발생할 수 있다.

실제로 이런 역선택은 우리 일상에서도 많이 나타난다. 중고차를 살 때, 보험에 가입할 때, 은행에서 대출을 받을 때도 역선택의 문제가 등장한다. 자신의 이익을 위해 진실한 정보를 밝히지 않는다면 누군가에게 피해를 주게 된다. 물론 일시적으로 '자신'은 이익을 볼 수 있다. 그러나 역선택이 유발하는 사회적 비용은 누군가 부담해야 한다. 역선택의 비용은 부메랑이 되어 '자신'은 물론 엉뚱한 제3자에게도 엄청난 부담을 가져오는 역설이 등장하는 것이다.

바로 보험시장이 대표적인 사례다. 보험사의 최고 고객은 가입만 해놓고 보험금을 타가지 않는 사람일 것이다. 그러나 그런 우량 고객이라면 왜 보험에 들려고 하겠는가. 보험회사를 찾는 고객은 스스로 사고의 위험이 크거나 건강이 걱정되는 등 무슨 이유든 보험금을 탈 가능성이 높은 사람들 아니겠는가. 그래서 보험시장에는 항상 자신에게 불리한 정보를 숨기는 달갑지 않은 가입자가 많다. 불량 고객을 가입시킬 역선택을 피하기 위한 수단이다.

은행도 동병상련을 안고 있다. 우량기업은 돈을 빌리려 하지 않고 부실 위험이 높은 기업만이 돈을 필요로 한다. 최고가 아니라 최악의 고객에게 돈을 빌려주기 쉬운 역선택의 문제가 있는 것이다. 이런 금융권의 역선택으로 그동안 얼마나 큰 사회적 부담을 지게 되었는가.

역선택의 비용은 정치권에도 예외일 수 없다. 중고차 시장과 비교해보자. 누가 좋은 차를 중고로 싸게 팔려고 하겠는가. 시장에는 몇 년씩, 어떤 차는 얼마라는 게 널리 알려져 있다. 가격이 뻔하니 이보다 저급 품질의 차량만 매물로 등장하고 시장 가격보다 더 좋은 차는 찾아보기 어렵다. 사는 사람도 중고차에 대한 과거의 정보를 잘 알지 못하기 때문에 비싼 값을 주려고 하지 않는다. 매매 쌍방이 모두 좋은 제품의 거래를 막아버리는 속성을 갖는 것이다. 이런 시장을 맛없는 과일에 비유하여 '레몬 시장'이라고 부른다. 이 시장에서는 아무리 최고를 선택해도 역시 레몬밖에는 찾을 수 없는 역선택의 문제가 등장한다.

지금 우리의 정치권이 바로 레몬 시장으로 변질되고 있다. 정치인에 대한 신뢰가 떨어질수록 시장에 진입하는 정치 지망생의 자질도 떨어지게 마련이다. 어쩌다 유능한 인재가 출마해도 유권자는 지역 감정과 표몰이에 휩쓸려 엉뚱한 역선택을 한다. 정치에 실망한 젊은 계층과 여론 주도층은 아예 투표를 외면하고 있다. 레몬 시장에서는 역시 좋은 과일을 선택할 수 없다. 정치든, 경제든 역선택이 만드는 레몬 시장의 폐해는 고스란히 국민에게 전가될 수밖에 없다.

6

카지노는 망하지 않는다

프랑스의 천재 수학자 파스칼은 현대통계학의 개척자로 알려져 있다. 세 살 때 어머니를 여의고 학교 교육을 제대로 받지 못한 그였지만 '파스칼의 정리'를 증명하여 기하학에 공헌하였고, 물리학자와 철학자로서 명성을 날렸다. 수녀가 된 여동생 자클린의 영향을 받아 수도원에서 교파 간의 사상 논쟁에 휘말리며 종교사상가로도 널리 알려졌지만 서른아홉 살의 젊은 나이로 요절했다.

파스칼은 한때 파리에서 귀족들과 어울리며 사교계에서도 또 다른 즐거움을 만끽했다. 그중 하나가 바로 도박이었다. 확률론에 대한 관심도 여기서부터 비롯되었다. 도박에서 딴 돈을 공정하게 분배하는 문제로 고민하면서 확률을 연구하게 된 것이다.

도박의 막판에는 항상 딴 사람은 적고 잃은 사람이 많은데, '공정하게 분배'하는 방법만 있다면 행복한 결말이 되지 않겠는가. 금세기 최고의 경제학자 케인스 역시 확률이 지배하는 보험회사 사장으로 명성을 날리며 《확률론》을 썼으니 천재들의 세계는 일맥상통하는 모양이다.

도박장에서 과연 '공정한 분배'가 가능할까? 이는 어떻게 베팅했어도 최종적으로 자신이 건 돈을 잃지 않게 하는 것으로 위험 중립적인 결과를 만드는 것을 말한다. 이런 논리에 따라 개발된 위험 중립적인 상품을 '옵션option'이라고 한다. 실제로 수없이 많은 금융기관의 파생 상품들이 이 원리에 바탕을 두고 있다. 그러나 도박꾼은 원래 위험을 사랑하는 사람들이라서 옵션은 오히려 카지노가 선택한다. 그래서 옵션 때문에 카지노는 무일푼으로 시작하고도 절대 망하지 않는다.

어떻게 가능할까? 동전을 차례로 3번 던져서 모두 앞면이 나오면 100만 원을 따는 노름을 생각해보자. 가능한 결과는 앞·앞·앞, 앞·앞·뒤, 앞·뒤·앞, 뒤·앞·뒤, 뒤·뒤·뒤, 뒤·뒤·앞, 앞·뒤·뒤, 뒤·앞·앞이므로 이길 확률은 8분의 1이 된다. 따라서 판돈(기대값)은 100만 원의 8분의 1인 12만 5,000원이 된다. 카지노가 아무런 대책 없이 판을 벌였다가 누군가 앞·앞·앞이 나와 버리면 부도가 날 수밖에 없다. 과연 카지노가 요행을 바라며 8분의 1의 확률만 믿고 영업을 할까?

카지노는 안전하게 영업할 수 있는 옵션을 만든다. 우선, 처음 던지는 노름꾼 A에게 동전의 앞면을 걸고 12만 5,000원을 판다. 한편 고객 B에게는 옵션 상품으로 동전을 한 번 던질 때마다 끝나버리는 반대 계약을 한다. A에게 앞면을 팔았으니 B에게는 당연히 뒷면을 12만 5,000원에 팔아야 한다. 이렇게 되면 동전을 던지기도 전에 두 사람에게서 받은 판돈이 벌써 25만 원이나 된다. 이제 동전을 던졌다. 결과는 앞면이다. 카지노는 A로부터 받은 12만 5,000원이 있고 B에게는 이겼으니 역시 12만 5,000원을 수입으로 잡아 25만 원을 확보한다.

두 번째에는 B에게 뒷면이 나오면 25만 원을 주는 옵션을 걸 수 있다. 내기에서 진 B는 이번에는 뒷면이겠지 하는 '도박사의 오류'에 빠져 25만 원을 건다. 그러나 결과는 역시 앞면. 그래서 카지노의 수입은 50만 원이 된다. 드디어 마지막 세 번째. B는 이제 뒷면에 50만 원을 걸 수 있다. 최악의 시나리오로 세 번째 역시 앞이 나왔다. 세 번 모두 앞면이 나왔으니 카지노는 A에게 100만 원을 주어야 한다. 그러나 걱정할 건 없다. 세 번째 옵션 상품을 B가 50만 원에 사서 이미 100만 원이 확보되었기 때문이다.

그렇게 해서 카지노는 돈 한 푼 안 내고 '일'을 처리한다. A에게 준 100만 원은 사실은 반대 계약을 한 B가 낸 돈이다. B와 같은 사람 10만 명이 10원씩 걸도록 한다면 한 사람이 잃는 돈은 적게 하면서 도박을 진행할 수 있다. 위험을 많은 사람에게 분산하는 것이다. 그러나 게임을 거듭할 때마다 판돈을 올려야만 위험에 대해 중립적이 된다.

카지노는 수없이 많은 옵션을 만들어서 손해 안 보는 장사를 할 수 있다. 노름꾼들이여, 카지노는 도전하지 말지어다.

7

달걀을 한 바구니에 담지 마라

"사람이 알 수 없는 세 가지 불가사의가 있다."

영국 속담이다. 첫째 불가사의는 여자의 마음이다. 둘째는 봄날 땅 위로 올라온 개구리가 어떤 방향으로 뛸지를 모른다는 것이다. 셋째는 달밤에 개가 무엇을 보고 짖어 대는지를 알 수 없다는 것이다. 이는 세 가지 짐작하기 어려운 현상이다. 심리학자, 과학자, 동물학자의 고도로 전문화된 설명을 들어야 할 것 같다.

그런데 경제학자는 여기에 하나를 더 붙인다. 내일의 주가를 맞추는 일이다. 그래서 현명한 경제학자라면 주식시장에 대한 예측을 피하라고 권유한다. 그래도 주식시장은 경제학의 영역이니 무언가 얘기할 수 있어야 하지 않겠는가. 어떻게 투자하는 것이 가장 합리적이고 손실을 최소화할 수 있는 것인가. 아니면 주가가 어떤 법칙으로 변동하는지라도 설명할 수 있어야 하지 않겠는가.

실제 많은 학자가 주식시장에 대한 연구에 엄청난 노력을 쏟아왔다. 현재까지 연구결과 중에서 가장 설득력 있는 이론은 주가는 "제멋대로 움직인다"는 가설이다. 좀 더 학문적으로 표현한다면, '임의로 걸어가는 이론 random walk theory'이다. 과학적 분석으로는 어떤 체계적인 변화나 특정한 변동요인을 찾아내기 어렵다는 것이다. 이것을 흔히 술 취한 사람이 갈 지之자로 걸어가는 이론이라 말하기도 한다.

제멋대로 가는 이론에 대한 실증적 뒷받침은 무수히 많다. 컴퓨터 마우스가 무작위로 선정한 주식과 유명한 애널리스트가 추천한 주식을 수년간 비교해보니 마우스가 선정한 주식의 수익률이 더 높았다는 실험도 있다. 모든 걸 무시하고 매월 특정한 날에 주식을 분산투자하는 것이 더 바람직하다는 가설도 있다. 모두가 주식시장이 예측 가능한 요인에 의해 움직이지 않고 확률적 요인의 지배를 받는다는 반증이다.

반대로 주가는 기업의 모든 정보를 반영한다는 효율 가설도 있다. 다시 말하면, 좋은 주식은 아무리 제멋대로 가도 언젠가 오르게 마련이라는 것이다. 장기적으로는 효율 가설이 옳을 것 같지만, 과연 '언젠가'가 얼마 동안의 시간을 의미하는가. 두 가설 모두 내일의 주가를 정확히 예측하는 데 아무런 도움이 되지 않는다. 따라서 주식시장에는 경제학자마저 알 수 없는 변동성과 투자위험이 상존한다.

이렇게 위험도가 높은 시장에서는 어떤 선택이 가장 합리적일까? 역시 분산을 하라고 권고한다. 이것은 한계효용 균등의 법칙과 같은 얘기다. 투자에서는 한계효용 대신에 한계수익률을 계산해야 한다. 한 단위를 추가로 투자하여 얻을 수 있는 추가적인 수익을 한계수익률이라고 한다. 여러 업종에서 기대되는 한계수익률이 비슷해지도록 분산투자를 하라는 것이다.

주식과 채권의 투자에서도 마찬가지다. 먼저 확정이자율 10퍼센트를 받을 수 있는 채권을 선택했다고 하자. 주식의 기대수익률이 7퍼센트라고 하자. 당연히 채권에 먼저 투자해야 한다. 그러나 주가가 내려가면 주식투자로부터 얻을 수 있는 기대수익률은 오히려 올라간다. 이번에 주가하락 때문에 주식의 수익률이 10퍼센트 이상으로 올라갔다고 하자. 이렇게 되면 한계수익률이 올라간 주식도 매력적이 된다. 한계수익을 균등화시킨다면 채권에서 주식으로 이동해야 한다. 언제까지 주식을 늘려야 하는가? 주가가 상승하면 당연히 주식의 기대수익률이 하락하게 된다. 주식의 기대수익률을 계산하는 것은 다음으로 미루자. 분명한 것은 주식과 채권의 기대수익률을 비교한 후, 두 자산의 한계수익률을 비교하여 균등화시키는 것이다.

전체 자산의 운용도 적절히 분산하라고 한다. 유동성이 높은 예금과 안정성이 큰 부동산, 위험과 수익성을 동반하는 주식 등에 적절히 분산하는 것이 합리적인 선택이라는 것이다. 투자자산의 한계수익률이 균등하게 되기 때문이다.

8

좋은 배우자를 고르는 방법

"이제 신랑 신부는 서로 더욱 소중히 아끼면서 외로울 때는 의지하고 어려울 때는 먼저 보호해야 하는, 가장 소중한 친구와 함께 더불어 살아가는 생활을 시작합니다. 사람들은 누구나 말합니다. 사노라면 기쁨과 즐거움도 있고 어려움과 아픔도 따르기 마련이라고. 비에 젖어 쓸쓸한 날도 있다는 것을. 때로는 모래성 쌓듯 몇 번이고 헛된 꿈에 무릎을 꿇어야 한다는 것을.

그럴수록 두 사람은 오늘의 각오와 기대와 꿈을 잊지 말아야 합니다. 서로의 잔을 채우되, 어느 한 편의 잔만을 마시지 말아야 합니다. 함께 춤추고 노래하며 즐거워하되, 어느 한 편의 리듬에만 치우치지 말아야 합니다. 신랑 신부는 따로따로 울리는 선율이 아름다운 화음으로 조화를 이루는 것처럼 하나가 되어야 합니다. 하나이면서도 둘로 살아가는 가정을 가꾸기를 바랍니다."

어쩌다 제자의 결혼을 축복하며 읽어주는 주례사의 일부이다. 이렇게 살아간다면 얼마나 행복하겠는가. 그런데 과연 어떤 기준으로 최고의 배우자를 선택할 수 있을까? 외모에 빠지는 사람도 많고, 재력에 끌리기도 하며 때로는 가문이나 학벌에 매료되어 짝을 선택한다. 과연 무엇이 가장 중요할까? 배우자의 선택기준과는 다르겠지만 기업이 신입사원을 채용할 때도 마찬가지다.

한두 번의 시험이나 면접으로 좋은 인재를 골라내기란 쉽지 않다. 우선, 상대방에 대한 정보가 충분하지 않기 때문이다. 지원자는 자기 자신에 대해서 충분히 알고 있지만 기업은 그 사람에 대해서 완전히 알지 못한다. 이런 현상을 정보의 비대칭성이라고 한다. 실제로 사람에 대한 정보는 항상 비대칭적이게 마련이다.

짝을 잘 고르고 좋은 인재를 선택하기 위해서는 정보의 비대칭성을 없애야 한다. 무엇으로 해결해야 하나. 우선 좋은 이력서를 만들어 학벌, 성적표, 고시합격증, 자격증 등으로 자신에 대한 정보를 제시한다. 자신에 관한 정보를 상대방에게 제시하는 노력을 경제학에서는 ‘신호 signaling’라고 부른다. 푸른 신호등을 보내는 것이다. 신호를 받으면 정보를 평가하여 사람을 ‘선별’하는 작업이 시작된다. 졸업 여부는 물론 학교의 명성, 소개한 사람의 평판, 가정환경, 경력 등 모든 상황을 분석한다.

어떤 ‘신호’에 가장 높은 점수를 주어야 합리적인 선택이 되는가. 사람마다 기준이 다르므로 합리적 선택방법이란 처음부터 존재할 수 없는지도 모른다. 그러나 간편한 방법이 있다. 가장 중요하다고 생각하는 기준부터 차례대로 따져가는 것이다. 예를 들어, 신입사원을 뽑을 때 전공을 가장 우선으로 친다고 하자. 그러면 특정한 전공만을 먼저 선별하고 다른 '신호'는 뒤로 제치는 것이다. 그리고 그 기준에 맞는 사람 중에서 다음 기준으로 영어성적이나 대학을 따지는 식이다. 이런 방식을 '사전편찬식 선호'라고 부른다. 사전을 편찬할 때는 a로 시작되는 단어를 먼저 놓고, a로 시작되는 단어들이 모두 실린 다음에야 b, c로 시작되는 단어를 배열하기 때문이다.

물론 사전편찬식 선호는 합리적인 선택이 아니다. 단지 사전처럼 편리한 선택일 뿐이다. 그나마 a로 선택하는 '신호'에 높은 평판과 신뢰가 주어진다면 약간 위험을 줄일 수 있으리라. 아니면 마음에 차지 않는 사람을 배제하는 데 도움이 될 수 있다. 사전편찬식 선호보다는 각종 신호에 적절한 가중치를 부여해야 더 합리적이다.

배우자를 고를 때는 무엇이 달라지는가. 역시 1가지 신호만을 절대적으로 고려하는 사전편찬식 선호로는 충분하지 않을 것이다. 그러나 사랑에 너무 빠지면 하나밖에 보이지 않을 때가 많다. 당신의 'a'자는 과연 무엇인가? 'a'에 너무 빠지면 엉뚱한 짝을 선택할 수도 있다.

9

거품을 좇는 사람들

이사 간 가정을 방문할 때 흔히 세제洗劑를 가지고 간다. 새집에서 이루어지는 모든 일이 거품처럼 부풀어 오르라는 의미에서이다. 세제가 널리 통용되지 않았던 때에는 불처럼 활활 타오르라는 뜻에서 성냥이나 촛불을 선물했다고 한다. 재산이 거품처럼 불어나고 타오르는 불처럼 빠르게 늘어난다면 세상살이가 얼마나 쉽겠는가.

이유는 가지각색이지만 대부분 사람은 돈을 좋아한다. 그래서 많은 사람이 쉽게 돈의 유혹에 빠지고 그 환상의 늪에서 빠져나오지 못한다. 당첨 가능성이 극히 낮은 복권을 사며 즐거워하고, 위험성이 높은 주식에 기대를 걸어보며, 높은 사채이자의 매력을 외면하지 못한다. 거품이 사라지면 드러날 실체의 왜소함을 까맣게 잊어버리는 경우가 너무나 많다. 그러나 불행히도 거품은 일시적이고 남아 있는 실체는 영원하다.

경제학에서는 거품을 '자산 가치가 기본 가치fundamental value를 벗어나 급등하는 현상'이라고 정의한다. 즉, 주식이나 상품, 부동산, 채권 등의 가격이 투기적인 수요 때문에 일시에 급격히 상승하는 현상이다. 거품보다 약한 가격 상승 현상은 흔히 붐boom이라고 한다. 물론 거품은 실수요자에 의해서 발생하는 것이 아니라 미래의 기대 수익을 찾는 투기적 수요가 뒷받침되어 생겨난다. 투기적 수요가 영원히 발생한다면 아무도 거품을 걱정하지 않는다. 그러나 언젠가 투기적 수요는 사라지고 급등한 자산 가치는 하루아침에 폭락하여 금융위기를 불러오게 된다.

만약 모든 사람이 완전한 정보를 갖고 같은 원칙 아래에서 합리적인 의사결정을 내린다면 거품은 생겨나지 않을 것이다. 그러나 현실적으로 정보는 불확실하다. 사람들은 서로 다른 목적을 갖고 투자 기간도 제각각이다. 또한 투기에 베팅할 수 있는 자산의 규모도 모두 다르다. 그래서 처음 붐을 일으킨 약삭빠른 투자자는 적당한 시기에 엄청난 이익을 얻고 빠져나오겠지만, 대다수 소시민은 막차를 타서 손실을 보는 것이다.

경제학에서는 돈을 좋아하는 사람들의 본성(?) 때문에 정보가 완벽한 상태에서도 거품이 완전히 사라지기 어렵다고 본다. 실제로 거품현상은 시간과 공간을 뛰어넘어 각국의 경제를 교란시켜왔다. 1600년대 중반에는 네덜란드에서 튤립 열풍이 불었다. 1720년대 프랑스는 미시시피 거품에 시달렸고 영국은 1840년대 철도 거품으로 시달렸다. 미국도 1920년대 초 주식 가격의 폭락을 겪었다. 1982년에도 금값이 온스당 850달러에서 350달러로 폭락하는 홍역을 치렀다.

미국에는 버블로 새로운 금융 용어까지 만들어낸 사람도 있다. 1920년대 카를로 폰지C. Ponzi는 플로리다의 개발 붐을 악용하여 허황된 주택 투자로 많은 사람을 모았다. 택지 값의 10퍼센트만 있으면 건축비는 은행이 빌려주었고 불과 몇 주 사이에 땅값이 2배로 뛰는 분위기도 조성되었다. 높은 이익 보장에 넋이 나간 수많은 사람이 몰려들었다.

앞서 투자한 사람에게 다음 투자자의 자금으로 높은 이익을 보상해주는 폰지의 묘안은 한동안 성공을 거두었다. 높은 수익을 안겨준다는 소문으로 투자는 끝없이 늘어났다. 이 과정이 무한히 지속되었다면 얼마나 좋았을까. 3년이 지난 후 새집은 온데간데없고 10억 달러의 투자 원금은 1,400만 달러만 남았다. 폰지는 무일푼으로 감옥에서 죽었다. 그 후로 수익보다도 높은 이자를 좇는 행태를 '폰지 게임'이라고 부른다.

이익은 생기지 않는데 어디서 이자가 나오겠는가. 그래도 사람들은 그 버블을 믿고 싶어 한다. 돈의 묘약에서 깨어나지 못하고 있는 것이다. 한때 등장했던 벤처와 코스닥에 대한 열풍, 인터넷으로 이루어지는 '묻지 마 투자'도 자칫 넘어서는 안 될 선을 뛰어넘는 경우가 많았다. 거품이 사라지면 나무 뒤에 숨은 사람들의 피해가 가장 크다. 붐이 버블로 바뀌는 순간은 항상 거품에 가려져 있기 때문이다. 아, 나도 모르게 거품 속에서 거품을 좇고 있지는 않는가.

10

경제의 황금률

"교수님, 벌써 종강하게 되었습니다. 언제나 학기가 끝날 때면 아쉬움과 후련함이 교차합니다. 그러나 이번 강의는 아쉽기만 합니다. 열심히 공부하지 않아서가 아니라 여자 친구와 헤어졌기 때문입니다.

저는 사랑에도 경제학의 진리가 적용된다는 사실을 너무 늦게 깨달았습니다. 조금만 더 일찍 황금률을 알게 되었더라면 저는 아마도 그 친구를 잃지 않았을 것입니다. 먼저 베풀어야 하는 '성장의 황금률'을 실천하지 못하여 제가 버림받은 것이 너무나 가슴 아픕니다. 기말고사를 준비하면서 뒤늦게 그 진리를 발견했으니, 결국 공부를 게을리하여 사랑하는 사람까지 잃게 된 것입니다."

몇 년 전 가을학기를 종강하면서 어느 학생으로부터 받은 길고 애절한 편지 일부이다. 미처 '사랑의 진리'를 생각하지 못하고 가르친 내 마음을 찡하게 했던 글이라서 아직도 그 편지를 간직하고 있다.

"너희는 무엇이든지 남에게 대접을 받고자 하는 대로 너희도 남을 대접하여라."(마태복음 7장 12절)

이 구절의 뜻을 흔히 황금률이라고 부른다. 이 내용이 어떻게 경제 성장과 거품 경제에 적용될 수 있는지 생각해보자. 같은 시대를 살아가는 노년기(1기)와 청년기(2기)에 각각 100명이 사는 경제를 가정하자. 수입은 청년기(2기)에만 200원이 있고 노년기(1기)에는 소비만 한다.

따라서 노인들은 청년기에 벌어들인 수입으로 살아가야 한다. 그런데 수입이라는 게 저장할 수 없는 소비재뿐이라면 어떻게 되겠는가. 청년기에만 많이 먹고 노년기에는 수입이 없으니 굶어야만 한다. 청년들은 노인들에게 돈을 빌려줄 수도 없다. 노인들이 죽으면 받을 수 없기 때문이다.

그래서 1기와 2기를 연결해줄 수 있는 제도가 필요하다. 2기의 청년 100명이 자신의 수입 200원 중에서 절반을 1기의 노인에게 빌려주고 노년기에 가서 받을 수 있는 제도가 있으면 된다. 이자까지 합하여 노년기에 102원을 받으면 되지 않겠는가. 그렇다면 청년이 노인이 되었을 때는 다음 세대의 청년(3기)이 2퍼센트 늘어나야 한다. 이것은 인구가 증가하면 된다. 이런 상태가 무한히 계속될 수 있다면 경제는 걱정이 없다.

그래서 인구증가율과 저축·투자가 균형이 되는 성장률이 일치하면 황금률이라고 부른다. 당신이 남(차기의 청년)으로부터 대접을 받고자 하는 대로 먼저 남(현재의 노인)에게 대접을 해야 하기 때문이다. 두 세대를 연결하는 제도가 노인을 부양하는 가족 제도였고 현대에는 사회보장

제도로 발전되었다. 일하는 세대의 세금으로 노인의 생계를 보장하고 자신의 노년기에는 다음 세대의 청년에게 의존하는 과정이 무한히 계속된다.

그러나 인구가 감소하거나 경기가 침체되어 청년의 세금이 줄어들면 당연히 황금률이 깨지게 된다. 사회 보장적 성격의 각종 연금이 부실화되는 이유가 바로 여기에서 비롯된다. 부실화된 연기금에는 엄청난 공적 자금이 투입된다. 그러나 그 자금은 다음 세대의 어깨를 더욱 무겁게 만든다.

따라서 황금률이 변함없이 유지되려면 성경 말씀대로 다음 세대에게 대접받고자 하는 대로 이전 세대를 대접해야 한다. 그러나 만일 나를 대접해줄 수 있는 차기의 사람들이 존재하지 않는다면 어떻게 되겠는가. 벌어들이는 청년은 없고 써야 하는 노인만 존재하기 때문에 그 제도는 붕괴한다. 그래서 이자가 수익보다 많은 폰지 게임에 걸려들게 되고 언젠가 꺼져버릴 거품만 쌓여간다. 즉, 황금률은 미래에 등장할 사람들이 무한히 나타나야 한다. 주가도 파는 주식을 살 사람이 계속해서 나타난다면 떨어지지 않을 것이다.

거품이 깨지는 궁극적인 원인도 바로 차기에 등장할 사람이 없는 데서 비롯된다. 나보다 늦게 막차를 타는 사람이 있다면 거품은 꺼지지 않는다. 그러나 사람들을 또 다른 열차에 붙들어놓을 수 있는 그 '무엇'을 언제까지 만들어낼 수 있겠는가? 그것이 없다면 다음 열차는 텅텅 비고, 거품은 사라질 수밖에 없다. 남녀 간의 불붙는 사랑도 한 달을 채 넘기기 어렵다고 한다. 다음 열차에 붙들어놓을 수 있는 '진실한 가치'가 없

다면 사랑도 주식도 거품처럼 사라지기 쉽다. 황금률이 없는 세상에서
는 영원한 것도 없다.

11

고지서 없는 세금

역사상 가장 흥행에 성공한 영화는 〈타이타닉〉〈스타워즈〉〈ET〉 등으로 알려져 있다. 1997년에 개봉된 〈타이타닉〉은 입장료 수입만도 천문학적인 기록을 세웠다. 그러나 이러한 수입 금액은 명목상 금액이다. 이 금액을 1930년대 영화 수입과 같은 잣대로 비교할 수 없다. 그동안 엄청난 인플레이션이 있었기 때문이다.

할리우드 흥행 수입을 물가지수를 고려해 평가하면 어떻게 될까? 1939년에 개봉된 〈바람과 함께 사라지다〉가 9억 2,000만 달러로 〈타이타닉〉을 크게 앞선다. 다음은 〈스타워즈〉와 〈사운드 오브 뮤직〉이 차지하고 〈타이타닉〉은 겨우 4위를 지키고 있을 따름이다(맨큐의 《경제학 원론》에서 참조). 현재 수입만 보고 〈타이타닉〉을 최고라 생각하는 것은 인플레이션에 따라 발생한 착시 현상 때문이다.

실제로 인플레이션은 많은 사람의 수입을 '바람과 함께' 사라지게 만든다. 물가가 상승하면 내 지갑 속 돈의 구매력이 떨어지지 않는가. 이 것은 실질소득을 감소시킨다. 정부가 세금을 거둬가는 것과 같은 효과를 가져오는 셈이다. 따라서 인플레이션도 세금의 한 종류라고 본다. 그래도 세금과는 다르다고 주장할 수 있다. 인플레이션이 곧 조세라는 등식을 쉽게 이해하기 어렵기 때문이다. 과연 인플레이션도 세금일까? 고지서도 없는데.

정부가 쓸 돈을 어떻게 마련하는지 먼저 생각해보자. 기업이나 개인으로부터 세금을 거두거나, 채권을 발행하는 방법으로 빌려올 수도 있다. 또 다른 방법은 화폐를 찍어내는 것이다. 그러나 손쉽게 화폐를 발행해서 자금을 조달하면 비록 정부 세입은 늘어난다 해도 인플레이션을 유발한다.

정부는 수입을 늘리지만 국민의 지갑 속에 있는 화폐 가치는 떨어진다. 국민 손해를 담보로 정부가 수입을 늘리는 꼴이다. 인플레이션은 곧 화폐를 가진 사람에게 세금을 부과한 것과 같다. 따라서 화폐 발행에 따른 수입 확보는 곧 '인플레이션 세금'을 부과하는 것과 같다. 한 가지 차이가 있다면, 고지서도 없이 '바람과 함께' 우리 수입을 감소시킨다고나 할까?

실제로 '인플레이션 세금'의 뿌리는 상당히 깊다. 중세의 봉건영주는 자신의 성내에서 화폐 주조에 대한 배타적 독점권을 갖고 있었다. 당시부터 화폐 주조를 통해 영주의 수입을 확보하는 것을 화폐주조세 seigniorage 또는 화폐주조료라 불렀다. 봉건영주senior를 의미하는 프랑스어가 그 어원이다.

물론 현대국가에서의 화폐주조세는 중앙정부가 독점적으로 관리한
다. 재정 지출을 위해 화폐 발행을 통해 수입을 확보하는 경우가 여기에
해당된다. 높은 인플레이션을 경험한 남미에서는 화폐 발행을 통해 확
보하는 화폐주조세 비중이 재정 수입의 상당 부분을 차지한다. 재정 건
전도가 높은 선진국일수록 이 세금의 비중이 낮다.

화폐주조세는 역설적으로 장점도 많다. 화폐 발행 독점권을 가진 정
부가 필요하면 언제라도 고지서도 발행하지 않고 세금을 거둘 수 있기
때문이다. 공평성과 형평성이 일그러져도 얼마나 편리한 제도인가? 그
러나 화폐주조세는 사람들의 소득을 왜곡시킨다. 인플레이션으로 희비
가 엇갈리는 인생이 얼마나 많겠는가. 어느 나라에서나 무분별한 화폐
발행, 즉 화폐주조세는 초인플레이션의 원인이 된다. 소득을 바람과 함
께 사라지게 하기 때문이다.

소비
경제학

1

세뱃돈이 좋은 이유

"지난 설날에 어떤 선물을 받으셨습니까?" "아들이 한과 한 상자와 소고기를 보냈더라고요." "저한테 선물 보낼 사람이 어디 있습니까? 사업상 이곳저곳 인사 차리느라 정신없었습니다." "설날 선물요? 저희는 주로 크리스마스와 밸런타인데이 때 선물을 주고받았죠." "초콜릿, 초콜릿이 최고죠!" "졸업 때라서 선물할 곳이 많은데 무얼 골라야 할지." "상당히 비싼 걸 보낸 것 같은데, 우리에겐 별 소용이 없네요."

명절만 되면 선물을 준비하는 사람들로 백화점이 붐빈다. 미국에서는 연 매출의 25퍼센트, 도소매상 이윤의 60퍼센트가 추수감사절과 성탄절 사이에 이루어진다고 한다. 이 기간에는 가족, 연인, 친지, 상사를 위한 선물 쇼핑이 대부분이다. 요즘엔 유치원부터 생일선물을 챙긴다. 우리도 점차 선물을 주고받는 문화가 정착되는 것 같다.

정성이 담긴 선물은 받아서 즐겁고 주는 사람도 마음 뿌듯하다. 그러나 상대의 마음에 딱 들어맞는 선물을 고르기는 쉽지 않다. 아내의 선물도 선택하기 어려운데 다른 사람의 취향에 맞추기가 어디 쉽겠는가. 한동안 고민 끝에 20만 원짜리 스카프를 연인에게 선물했다고 하자. 그 선물을 받은 연인의 입이 떡 벌어진다면 대성공이다. 그러나 만약 그 스카프를 15만 원짜리 정도로 받아들인다면 잘못된 선택이다. 선물을 주고받는 사람의 기대가 빗나간 것이다.

실제로 받은 선물에 만족하지 않는 경험은 너무나 많다. 서로가 비대칭적인 기대를 하기 때문이다. 물건의 종류뿐만 아니라 서로 기대하는 가격도 큰 차이가 나는 경우가 많다. 얼마 전 〈이코노미스트〉지에 실린 월드포겔 교수의 최근 연구에 따르면 성탄절 선물을 받은 미국인은 보낸 사람이 구매한 가격보다 평균적으로 10퍼센트나 낮게 평가한다고 한다. 따라서 선물구매에 사용된 약 400억 달러 중 40억 달러는 중간에서 사라지는 것이다.

왜 그런가? 스카프로 되돌아 가보자. 나는 20만 원을 주었는데 선물 받은 연인은 15만 원으로밖에 평가하지 않는다고 하자. 그렇다면 스카프 대신 15만 원을 연인에게 준다면 어떻게 될까? 주는 사람은 더 저렴한 가격으로 선물한 셈이 된다. 받는 사람은 자신이 15만 원짜리라고 생각하는 스카프 대신 같은 액수의 돈을 받았으니 상대방은 오히려 그 돈으로 다른 것을 살 수도 있다. 따라서 현금 15만 원으로도 20만 원짜리 스카프를 선물하는 것과 같은 효과를 거둘 수 있는 것이다. 그러니 스카프를 선물하여 5만 원의 자원이 낭비되는 셈이다. 5만 원은 지출하지 않았어도 괜찮았다. 이런 낭비를 경제학에서는 누구도 찾아가지 못하는

'사회후생의 손실deadweight loss'이라고 한다.

　이런 손실은 선물을 주고받는 사람의 기대가 다르고 나이와 문화적 차이가 클수록 더욱 커질 수 있다. 이런 낭비를 줄이려면 역시 현물보다는 무엇이든 살 수 있는 상품권이나 현금이 사회적 낭비를 줄인다. 선물보다 세뱃돈이 더 좋다는 경제학적 근거가 있다.

　물론 보낸 이의 정성과 마음을 생각한다면, 선물을 어찌 사회적 낭비라고만 하겠는가. 또한 연인이 생각지도 못하는 뜻밖의 선물을 준다면 구매가격보다 훨씬 값질 수도 있지 않은가. 장미 한 송이로도 마음을 사로잡을 수 있다. 그러나 이 모든 정서적 가치를 고려해도 받는 사람이 낮게 평가한다면 차라리 현금을 주자. 비록 천박하다고 바람맞아도 사회적 낭비는 어느 정도 줄일 수 있을 테니까.

2

나이키와 조든 효과

명품은 왜 잘 팔리는가? 명품을 찾는 사람들의 소비행태는 속물효과와 편승효과의 결합으로 설명된다고 했다. 남들이 쉽게 구할 수 없는 명품을 가짐으로써 느낄 수 있는 쾌감과 남이 사니까 나도 따라 움직이는 현상이 복합적으로 작용한 결과이다. 특히 우리나라처럼 동질성이 강한 사회에서는 남과 구별되는 명품에 대한 구매욕구가 더 크게 나타나게 마련이다.

기업도 역시 명품을 탄생시켜야만 성공한다. 그러나 명품은 시장에서 저절로 만들어지는 것이 아니라, 기업의 피나는 노력과 행운이 조화되어 탄생하는 것이다. 과연 어떻게 명품을 만들어낼 수 있는가? 스포츠의 명품으로 널리 알려진 나이키 운동화의 탄생신화를 살펴보자.

나이키가 등장한 1970년대 후반에는 컨버스라는 상표가 스포츠업계를 꽉 잡고 있었다. 그러나 농구 황제 마이클 조든이 등장하면서 스포츠

업계의 판도는 완전히 뒤바뀌었다. 나이키는 1985년 조든의 이름을 딴 '에어 조든 1'을 출시하면서 명품 가도를 질주하게 되었다.

"조든이 신으니까 나도 신는다. 조든을 신으면 나도 조든처럼 뛸 수 있다. 당시 흑인들은 조든 신발을 갖고 있지 않으면 무시당한다고 생각했죠. 이렇게 해서 나이키 운동화가 등장했습니다."

두 번째 모델부터는 나이키보다는 조든 브랜드를 더 강조해 '조든 2'를 출시했다. 그러나 조든은 부상으로 뛰지 못했다. 한때 나이키는 위기에 처하는 듯했다. 예상대로 '조든 2'는 최악의 매출을 기록했다. 지금까지 나온 100개 이상의 조든 브랜드 중 가장 실패한 모델로 기록되었다. 조든을 통해 속물효과를 자극하려던 전략이 어려움에 부딪힌 셈이다.

나이키는 그 후에도 조든과 함께 부침을 거듭했다. 조든이 1993년에 처음 은퇴를 했을 때는 '조든 8'이 나왔다. 사람들은 더는 조든을 코트에서 볼 수 없을 것이라는 기대로 사재기를 시작했다(현재 '조든 8'은 50만 원에도 구하기 어렵다고 한다).

"실제로 '조든 8'이 발매되기 전날 나이키 타운 앞에서는 극성 '운동화 팬'들이 학교에도 가지 않고 밤을 새우고 등록금을 못 내면서도 조든 운동화를 사려고 장사진을 쳤습니다. 기다리다가 시비가 붙어 살인사건도 일어났고요. 조든 운동화가 없는 미국의 청소년들은 대화 상대조차 되질 않았죠." (미시경제학 수강생 신우철의 글 인용)

이것은 대단한 편승효과다. 나이키는 아직도 조든 컴퍼니를 산하에 두고 새 모델을 발굴하며 명품화의 노력을 지속하고 있다. 최근 모델의 시가는 26만 원 정도이니 타이어 4개보다 훨씬 비싸다. 대개는 품절이라서 구하기도 어렵다고 한다. 명품을 찾는 사람들의 욕구는 어딜 가나 차이가 없는 모양이다.

명품이 탄생하는 과정에는 공통적인 특징이 있다.

첫째, 자기 제품을 특별히 차별화할 수 있어야 한다. 품질이나 서비스를 달리하거나 특수한 계층에만 판매하는 전략을 채택하기도 한다. 또한 스타와 결합한 이미지를 만들기도 한다. 어느 정도의 품질에다 차별화된 특성을 보유하는 것이 명품의 최소한의 필요조건이다.

둘째, 소비자의 속물효과를 활용해야 한다. 그 제품을 사야만 명품을 쓰는 품위 있는 소비자의 위상을 갖는다는 착각에 빠지게 해야 한다. 물론 품질이 좋고 가격이 적절하다면 착각에 빠진 것이 아니리라.

일단 속물효과를 불러일으키는 데 성공한 작품은 이제 편승효과로 매출을 늘려야 한다. 더는 물량을 통제할 것이 아니라 원하는 소비자 대부분이 그 제품을 쉽게 구할 수 있게 해야 한다. 동시에 다른 한편에선 새 모델을 준비할 게 뻔하다.

명품은 속물들의 편승효과에 의해서 저절로 만들어지는 것이 아니다. 각고의 노력, 창의적인 아이디어, 좋은 품질이 어우러져 스타로 탄생하는 것이다.

3

명품은 왜 잘 팔리는가

우리나라 사람들은 명품을 유난히 좋아하는 것일까? 경기회복과 더불어 옷은 물론이고 골프채나 안경까지 값비싼 명품들이 날개 돋친 듯이 팔린다고 한다. 명품 위스키와 골프채는 한국이 단연 세계 최고의 시장이라니 어떻게 평가해야 할까? 명품과 보통(?) 제품의 가격과 품질을 비교해보면 이해가 잘 가지 않는다. 심지어 우리 시장에서는 같은 물건이라도 비싸야 잘 팔린다는 말이 있을 정도니 말이다. 물론 좋은 물건이 잘 팔리는 것은 당연한 시장의 흐름이다. 그러나 정말 품질 때문에 명품을 찾는 것일까?

사람들은 누구나 남들이 쉽게 구할 수 없는 명품을 소유하고 싶은 욕망을 갖게 마련이다. 명품을 갖게 되면 자신도 명품이 되어 상류사회의 특권과 혜택을 만끽할 수 있으리라 기대하는 것일까? 명품의 구매를 통해 자신의 위상도 상승시키려는 욕구일 것이다. 이런 현상을 경제학에서는 '속물효과snob effect'라고 부른다(국어사전에는 '속물'이 '교육을 받았으면서도 세속의 가치를 비판하지 않고 그대로 따르는 천박한 사람'이라고 정의되어 있다).

명품이 잘 팔리는 또 다른 이유는 '친구 따라 강남 가는' 사람이 많기 때문이다. 친구가 명품을 사면 덩달아 따라가기 때문이다. 그래서 유행을 만든다. 이런 현상을 '편승효과bandwagon effect'라고 부른다. 속물효과와 편승효과가 결합하면 명품은 날개를 단다. 명품은 가격도 쉽게 내리지 않는다. 오히려 모델을 조금씩 바꿔가며 올리기만 한다. 가격이 오르면 수요가 줄어든다는 명제도 무색해진다.

"편승하는 사람들을 '낑깡', 속물들을 '오렌지'라고 부르죠. 선글라스에 상표가 없었던 시절, 돈으로 중산층과 차별되고 싶었던 오렌지들은 사회의 손가락질을 즐기면서 고가의 명품 외제를 쓰고 다녔죠. 그러다가 90년대 중반부터 그 명품이 유행하기 시작했습니다. 낑깡들이 오렌지에 '편승'했습니다. 그러자 낑깡과 차별되고 싶었던 오렌지들은 다시 베르사체나 구치 등 20만 원 내외의 선글라스를 선호하기 시작했습니다.

낑깡들은 열심히 용돈을 모아 또다시 편승했습니다. 속물근성의 오렌지들은 다시 참을 수가 없었습니다. 이번에는 이름도 화려한 '에스카다 크리스털 선글라스'를 찾아 40~50만 원을 지불합니다. 그러나 이제 낑깡들이 또다시 편승하여 이것조차 대유행이라니, 오렌지들은 다시 100만 원을 호가하는 몽블랑이나 불가리 선글라스를 사야 할 판입니다."(이승한)

미시경제학 사이버 클래스에서 속물효과와 편승효과를 찾는 과제물로 올라온 글이다. 선글라스를 통해 낑깡과 오렌지의 세태를 멋지게 설명하고 있다. 물론 낑깡과 오렌지라는 과일이 주는 시사점도 흥미롭다. 또 다른 학생의 글도 역시 청출어람靑出於藍이다.

"취미생활에도 속물효과와 편승효과가 나타납니다. 예전에는 테니스와 스키가 상류사회 사람들의 취미였는데, 이것이 편승효과로 대중화되면서 큰 변화가 나타나고 있죠. 상류층에서는 자기들만의 특권의식을 자랑할 수 있는 취미로 골프를 찾아냈죠. 그런데 골프도 편승효과에 따라 대중화되면서 또다시 속물효과가 나타날 것입니다. 아마도 요트와 같은 초고가의 취미를 개발하겠죠. 편승효과가 나타나기엔 상당한 시간이 필요한 명품을 찾을 것입니다."(김민영)

"사람들은 누구나 남과 달라 보이고 싶은 욕구와 남과 같아 보이고 싶은 생각을 동시에 갖고 있다고 생각합니다. 같아 보이고 싶은 욕구가 편승효과를 불러오고, 달라 보이고 싶은 생각이 속물효과를 불러옵니다."(김수지)

명품 하나가 내 신분을 바꿔줄 수 있다면 얼마나 좋을까. 그러나 역시 신분은 어느 날 갑자기 변화하지 않는다. 명품의 특권(?)도 편승효과로 쉽게 사라지기 때문이다. 오히려 속물근성만 더 노출될 뿐이다. 그런 속성이 많은 사회일수록 명품은 잘 팔리게 마련이다.

4

'가짜' 즐겨찾기

"이제 명품이 비싸도 잘 팔리는 이유를 알 듯합니다. 소비자의 과시욕구와 속물효과가 보통 사람들까지 함께 따라가는 현상을 유발하는 것이군요. 아무리 그래도 한 가지 의문이 남아 있습니다.

왜 유명 브랜드를 붙인 '가짜'가 그렇게 잘 팔리는 것인지요? 진짜인 줄 알고 속아서 산 물건들은 그렇다 치더라도 가짜인 것이 분명한 모조품도 판을 치고 있는 것은 도대체 이해가 가지 않습니다. 단순히 속고 사는 현상으로는 설명이 부족한 것 같습니다." (어느 독자의 질문)

실제로 가짜 명품이 판을 친다는 기사가 많다. 독자의 지적대로 쉽게 이해가 가지 않는 부분이 있다. 프라다, 샤넬, 루이뷔통, 펜디 가방 등 꼭 하나쯤 갖고 싶은 명품일수록 모조품이 더 많다. 중국에는 "어머니만 빼놓고는 가짜 아닌 것이 없다"는 속담까지 있다고 한다. 세상에 정말 그렇게 믿을 게 없는 것일까? 얼마 전 한국화랑협회가 미술작품을 감정한 결과 이중섭의 그림 중 약 70퍼센트가 가짜인 것으로 밝혀졌다.

그렇다면 왜 가짜도 잘 팔리는 것일까? 우선, 명품으로 오인하고 사는 경우다. 당연히 소비자의 정보부족에서 비롯된다. 공급자는 그 제품에 대해 충분한 정보를 갖고 있지만 소비자는 그렇지 못하기 때문이다. 정품은 모조품보다 평균 10배 정도 비싸다. 명품에 대한 정보부족으로 엄청난 돈을 가짜에 낭비하는 셈이다. 가짜를 진품처럼 오인시키는 기술도 그냥 지나칠 수 없는 요인이다. 디자이너, 기술, 자본이 힘을 합해 진품에 버금가는 가짜를 만드는 것이다. 가격도 거의 제 가격을 받는 경우가 많다.

공급을 제한하는 명품의 마케팅 전략도 가짜를 판치게 한다. 실제로 명품은 제품의 희소성을 유지하여 구매심리를 자극하는 판매축소 전략을 구사하는 경우가 많다. 실제로 루이뷔통의 파리 본점에서는 구매자의 여권번호를 관리하여 진품을 1년에 1개 이상 살 수 없도록 하는 것으로 알려져 있다. 물론 이런 전략은 오히려 고객의 명품 소비욕구를 자극한다. 그러나 다른 한편으로는 가짜를 양산해 부작용을 가져오기도 한다. 그래서 정상적으로 진품을 구매하지 못한 소비자들이 가짜를 진품으로 알고 구매하게 한다.

가짜를 알면서도 찾는 이유는 무엇일까? "값이 싸니까." "진품과 차이가 없어 보이므로." "진품처럼 보일 것이므로." 경제학적으로 완벽한 대답이다. 한마디로 가짜도 진짜 못지않게 명품이 만들어내는 편승효과를 톡톡히 보는 셈이다. 명품 하나가 만들어내는 외부효과의 수혜자가 되는 셈이다. 물론 가짜가 많다고 진품에 나쁜 영향만 미치는 것은 아니다. 가짜의 보급을 통해 명품을 찾는 소비자가 훨씬 더 많이 증가한다. 가짜가 많을수록 진품의 가치는 더욱더 치솟게 마련이다.

편승효과는 행렬을 선도하며 분위기를 돋우는 악대차樂隊車가 아닌가. 음악 소리를 듣고 몰려온 군중은 무엇이 벌어지고 있는가를 찾아보기 시작한다. 진품은 바로 악대차이고 그걸 보기 위해 몰려든 무작정 따라나선 군중은 상당수가 가짜에 만족하는 것이다. 가짜도 잘 팔리는 다른 이유는 진품에 대한 실망이다.

"진품의 매장에서 100만 원이나 주고 샀는데 가죽끈에서 물이 빠져서 또 다른 명품 옷을 버렸습니다."

그게 진품이 아니라면 할 말이 없다. 그러나 '진품인데 공정상 그런 하자가 나타날 수도 있다'면 소비자는 진품만 고집하지 않게 된다.

버버리는 영국, 샤넬과 루이뷔통은 프랑스가 자랑하는 세계적 명품이다. 우리도 내세울 수 있는 명품이 하나라도 있다면 비록 가짜가 많더라도 흐뭇할 것 같다.

5

남태평양의 휴가

환상적인 바다의 풍경을 말하자면 영화 〈블루라군〉을 빼놓을 수 없을 것이다. 비록 선상의 화재로 작은 구명보트를 타고 표류하다 다다른 무인도지만 아름다운 산호와 환상적인 바다의 장관은 누구나 한번쯤 가보고 싶은 욕구를 불러일으킨다. 어린 리처드와 에믈린은 그 섬에서 성인 남녀가 되고 둘 사이엔 어느덧 아이가 생긴다. 그렇게 되자 리처드는 유일한 꿈인 탈출을 포기하고 행복한 삶에 만족해간다. 그들의 풋풋한 사랑을 그린 영화가 바로 〈블루라군〉이다.

이 영화가 많은 관객을 매료시킬 수 있었던 것은 두 사람의 사랑 이야기보다는 남태평양의 환상적인 경치를 통해 그곳에서 며칠이라도 즐기고 싶은 욕구를 대리 충족할 수 있었기 때문이리라. 얼마나 멋있고 여유 있는 정경인가. 우리나라에서도 최근 많은 사람이 남태평양의 환상적인 섬들을 찾고 있다. 그런 섬에서 여가를 즐기는 것을 싫어할 사람이 어디 있겠는가.

　베블런Veblen은 〈블루라군〉과 같은 상태를 자본주의의 말기에 나타나는 '폴리네시아의 준평화Polynesian quasi-peace'라고 했다. 20세기 초 미국 자본주의의 병폐로 나타난 일부 계층의 과시적 여가를 비유한 말이다. 그는 여가를 즐기는 것도 상품을 사는 것과 같은 속성을 갖고 있다고 지적한다. 여가에도 속물효과와 편승효과가 나타나서 명품을 사는 것처럼 경쟁적으로 좇아가는 특성이 있다는 것이다. 베블런은 자본주의 경제에서는 금전적인 이익을 극대화하기 위해 치열한 경쟁을 하며 그 결과 얻게 되는 부의 상징으로 여가를 즐긴다고 한다.

　경제가 발전할수록 여가를 중시하는 유한계급이 사회 전반에 확산되고, 결국에는 〈블루라군〉과 같이 폴리네시아의 여가를 즐기는 평화 상태로 발전(?)한다는 것이다. 유한계급은 교육, 패션, 여가 등에서도 남들과 과시적 경쟁을 하며 소비를 늘린다고 한다. 명품의 소비를 따라가듯 노는 것도 경쟁한다는 것이다. 베블런은 21세기 초에 이런 상태가 곳곳에 만연한다고 예측한 바 있다.

　모든 사람이 여가만 즐기며 〈블루라군〉과 같은 환상적인 생활에 도취될 수 있다면 얼마나 좋겠는가. 그러나 경제에는 '공짜 점심'이 없다. 베블런은 오히려 이런 현상을 자본주의의 병폐라고 신랄하게 비난한 대표적인 학자이다. 과시적인 여가는 금전적 이익만 좇는 천민자본주의의 속성이며 생산적 노동을 피하고 효율성을 저하시키는 장본인이라는 것이다. 따라서 과시적 소비와 과시적 여가가 심화되는 나라에서는 자본주의의 미래를 찾을 수 없다. 경제는 기술과 제도의 동학적動學的 변화 속에서 발전한다. 사람들의 일상이 단순한 금전 추구의 본능으로 가득하고 과시적 여가와 소모를 즐긴다면 자본주의의 역동적인 변화를 어떻게 기대할 수 있겠는가.

베블런은 실제로 1929년에 일어난 미국의 대공황을 미리 예측했다. 하지만 당시에는 아무도 믿지 않았고 그 자신도 대공황이 발발하기 전 세상을 떠났다. 1910년대 주류 경제학을 통렬히 비판하고 자본주의의 위기를 역설했지만 여러 대학을 전전하며 일생 제대로 인정받지 못한 학자였다. C 학점 이상을 한 번도 주지 않았던 그를 학생들마저도 외면했다. 오히려 그의 업적은 사후에 더 높게 평가받았다. 베블런은 사회, 역사, 경제의 역동적 관계를 제도적 관점에서 분석하는 제도경제학의 기틀을 세웠다. 하지만 그가 비판했던 제도의 속성은 아직도 크게 변하지 않고 있다.

과시적 소비와 여가가 자본주의의 병적 요소로 지적됐지만 시장경제는 아직도 건강하게 자라고 있다. 파멸로 치닫는 내부의 역동적 변화를 감지하지 못하고 있는 것일까, 아니면 과시적 소비는 기우에 불과한 것일까?

6

도박사의 꿈

러시아의 문호 도스토옙스키는 한동안 거의 광적으로 도박에 빠졌다고 한다. 가진 것을 모두 잃을 때까지 도박 테이블에 앉아 있었으며 완전히 손을 털어야만 도박장을 떠날 수 있었다. 그때가 되어야만 '악령'은 영혼으로부터 물러났고 천재적인 창작활동을 하도록 길을 열어주었다고 한다. 젊은 아내에게 다시는 도박을 하지 않겠다는 맹세를 수없이 하면서도 결코 그 악령에서 헤어날 수 없었던 모양이다.

결국 그의 도박 때문에 아내는 지독히 궁핍한 생활로 내몰렸다. 그때마다 자신은 경멸받는 '죄인'으로서 '벌'을 받겠다고 약속했다. 그러나 변화한 것은 그가 아니라 오히려 젊은 아내였다. 아내가 차차 '도박사'에 적응해간 것이다. 그가 문학작품을 쓰게 하는 유일한 구원자가 바로 도박이었다. 모든 것을 잃고 전 재산이 저당 잡히는 순간에도 그 악령에서 벗어나지 못하는 모습을 보았기 때문이다.

이러한 그의 경험은 작품 《도박사》에 잘 나타나 있다. 도박에 대한 집착을 끊지 못해 사디즘적이고 마조히즘적으로 강박당한 한 개인을 그리고 있다. 《도박사》는 채권자에게 붙들리지 않고 러시아에 돌아가기 위해 도박에서 이겨야 한다고 합리화시켰다. 하지만 그건 한낱 핑계에 지나지 않았다. 도박에 대한 강박에서 헤어나지 못했던 것이다.

요즘 우리나라도 갑갑한 세상에서 횡재를 기다리는 사람이 많다고 한다. 로또복권 몇 장 들고 60억 원의 대박이 터지기를 기다리는 사람도 있다. 카지노에서 밤을 새우는 직장인들도 늘어나는 모양이다. 각종 복권이 무더기로 등장하면서 대박을 기다리는 열풍이 더욱 커지고 있다. 그러다 도박이 보편적이고 대중적인 사회적 관행이 되지 않을까 우려되기도 한다.

도박, 복권, 기업의 투자행태는 기본적으로 같은 틀에서 분석할 수 있다. 예를 들어, 2분의 1 확률로 12,000원을 벌 수 있고, 나머지 2분의 1 확률로 8,000원밖에 기대할 수 없는 때가 있다고 하자. 평균 기댓값은 {12,000×(1/2)+8,000×(1/2)}해서 10,000원이 된다. 만약 기업이 이런 사업에 투자한다면, 1만 원짜리 복권을 사는 것과 크게 다를 바 없다. 미래가 불확실한 경우에는 어떤 사업에도 복권을 사는 것과 같은 위험이 존재하기 때문이다. 그러나 문제는 위험을 받아들이는 태도가 사람마다 모두 다르다는 데 있다. 이런 사업에 투자비가 11,000원이 들어도 뛰어드는 투자가가 있다. 반대로 9,000원의 투자비에도 참여하지 않는 사업가도 있다.

복권의 사례를 보면 더욱 분명하다. 100명에게 복권을 팔고 그중 당첨자 한 사람에게만 100만 원을 주는 때를 생각해보자. 100만 원에 당첨될 수 있는 확률이 100분의 1, 떨어질 확률이 100분의 99가 되므로 기댓값은 1만 원이 된다. 따라서 이 복권을 1만 원에 판다면 복권값과 기댓값이 동일하므로 '공정한 도박'이 된다. 이런 복권에 대한 판단의 유형은 3가지로 나누어 볼 수 있다.

첫째는 사도 그만이고 안 사도 그만인 사람이다. 즉, 1만 원을 갖고 있는 것과 복권을 사는 것이 자신에게 아무런 차이가 없다고 느끼는 사람이다. 둘째는 그런 복권을 1만 원을 주고 사는 것이 아깝다고 생각하는 사람이다. 차라리 현금을 갖고 있으면서 느끼는 만족감이 더 큰 것이다. 이 사람이 복권을 사려면 기댓값이 복권가격보다 더 높아야 한다. 이런 사람은 아예 도박장에 잘 나타나지도 않을 것이다. 셋째는 복권을 즐겨 사는 사람이다. 2만 원에도 기꺼이 복권을 사는 사람이다. 이런 이들은 대박을 기다리는 용기가 있다. 그렇다면 당신은 과연 어디에 속하는가? 도박사인가? 당신이 아니라면 누가 왜 그런 행동을 하게 될까?

7

소비는 악덕일까

절약과 저축을 얘기하자면 '자린고비'를 빼놓을 수 없다. 자린고비란 원래 인색한 마음(자린)과 돌아가신 부모님(고비)을 이르는 말이다. 돌아가신 부모님에게까지 인색한 사람이란 뜻이다. 맛있는 굴비를 먹지 못하고 천장에 매달아 놓고 식사 때마다 쳐다보기만 하던 자린고비의 딸이 어느 날 건넛마을 구두쇠 집으로 시집을 가게 되었다. 며느리는 첫날부터 시아버지에게 야단을 맞는다.

"굴비를 천장에 매달아 놓으면 굴비 한 마리를 버리게 되지 않니? 대신 종이에 굴비 그림을 그려서 매달아 놓아라."

다음 날도 시아버지의 꾸중은 마찬가지다. 간장을 종지 바닥이 보일 정도로 조금밖에 담지 않았기 때문이다.

"바닥의 간장을 먹으려고 종지를 기울이고 숟가락으로 긁으면 간장은 간장대로, 숟가락은 숟가락대로 닳아버리지 않느냐? 차라리 찰랑찰랑

넘치게 하여 짜다는 생각이 들게 하면 간장과 숟가락을 동시에 아낄 수
있다."

간장독에서 날아가는 파리도 잡아서 다리에 묻은 간장을 다시 독에
넣고 나서야 놓아주었다던 그 구두쇠는 과연 얼마나 부자가 되었을까?
절약하면 집에 있는 것이 없어지지 않을 테니까. 무엇이든지 쌓아 담는
저축이 되는 것은 사실일 것이다. 나라 전체로 보면 자원의 낭비도 줄어
들고 가계저축의 규모도 증대될 수밖에 없다. 그래서 우리는 자녀에게
절약하는 습관을 교육하고 저축은 사회적 미덕이라는 관념을 심어준다.
씀씀이가 큰 사람은 부자가 될 수 없으므로 개인의 차원에서는 당연한
명제이다.

실제로 국민의 씀씀이는 경제여건의 변화, 세대별 소비패턴, 정부의
정책 등에 따라 다양하게 나타난다. 경기침체가 지속되는 상황에서도
고급 사치품이나 내구재 소비는 지속해서 늘어나는 경우가 많다. 일반
소비재는 대체로 경기순환과 비례한다. 개인의 소비는 미래에 대한 기
대소득 때문에 젊은 층이 높게 나타나는 경향이 있다.

그렇게 보면 사회적 관점에서도 절약은 미덕이고 소비는 악덕인 것
같다. 과연 그러할까? 모든 국민이 지독한 구두쇠라면 간장과 굴비는 더
는 판매되지 않을 것이다. 어디 그뿐인가. 극단적으로 말한다면 다른 재
화도 추가적 생산이 불필요할 것이다. 그리고 현재 수준에서 가계의 모
든 재고가 동결될 것이다. 그 결과 생산위축→고용감소→가계 소득의
하락→소비 수준의 하락→생산 수준 감소→고용 감소의 악순환이 계
속될 것이다. 극단적인 절약이 가져오는 역설이다.

그렇다면 소비가 늘어야 하지 않는가. 소비도 필요하다. 그러나 소비가 과열되면 국내 생산의 부족으로 물가가 상승하고 수입이 늘어나고 무역 적자가 증가하고 채무가 늘어나는 등 국민 경제에 부정적인 영향을 미치게 된다. 따라서 일방적으로 소비나 저축이 유일한 미덕이라고 할 수만은 없다. 해답은 국민경제의 생산 잠재력에서 찾아야 한다.

잠재적 생산 능력이 100인데 국민의 소비가 120이라면 물가가 상승하고 과소비의 악순환이 나타난다. 생산능력을 확장시키는 투자가 필요하지만 저축이 적어 국내 자본만으로는 부족하다. 반대로 잠재적 생산능력보다도 적은 80이 소비된다면 이번에는 경기 침체를 유발하게 된다. 따라서 총공급능력이 수요보다 부족한 개도국에서는 저축을 늘려 생산 시설을 확장하는 것이 미덕이지만, 유휴 생산 시설이 많은데 소비가 적다면 경기 침체를 유발하는 원인이 된다.

저축은 개인 차원에서는 항상 미덕이다. 하지만 사회적 차원에서는 때에 따라 소비가 미덕이 되기도 한다. 우리 경제는 아직도 공급이 부족한 부문이 많아 저축이 필요한 것은 사실이지만, 소비가 위축된 부문에서는 고소득층의 소비가 경기를 부양시키는 요인이 된다. 자기 분수에 맞는 소비를 강조하는 것은 당연하지만 고소득 계층의 소비를 일방적으로 매도하는 정서도 바람직하지 않다. 굴비를 매달아 놓는 사람뿐만 아니라 먹는 사람도 있어야 하지 않겠는가. 너무 엄격한 절약과 저축이 오히려 사람들에게 피해를 줄 수도 있다.

8

바른 연못 찾기

    정보통신의 기술이 세계를 지배함에 따라 애플이나 페이스북 등과 같은 IT 기업이나 SNS의 영향력이 더욱 빠른 속도로 확대되고 있다. 애플의 아이폰은 경제생활뿐만 아니라 언어와 문화와 생활양식에서도 세계적인 표준을 만들어가고 있다. 생태계도 이런 추세에 편승하는 경우가 많다. 서구 문명을 모방한 경제발전이 빚어내는 생태계의 파괴는 차치하고라도 글로벌 추세에 따라 다른 나라의 종種이 토속적인 종자를 말살시키는 사태가 많이 나타나고 있다.

    황소개구리와 청개구리도 좋은 사례이다. 이름 그대로 울음소리가 황소와 같은 그 개구리는 우리 고유의 청개구리와 참개구리보다 각각 10배에서 3배까지 크다고 한다. 식욕도 왕성하여 양서류와 파충류까지 잡아먹어 고유의 개구리는 곧 멸종될 것이라는 우려가 팽배하다. 최근 뉴트리아라는 외래생물의 생태계 교란도 화제가 되고 있다. 물쥐 혹은 늪너

구리라고 하는 이 동물은 토종 붕어나 잉어를 먹어 치우기도 한다. 심지어 철새를 공격한다고 한다. 1985년 처음 식용과 모피용으로 도입되었다. 번식력은 좋은데 상위 포식자인 맹금류나 맹수류가 없다 보니 개체 수 조절이 안 되어서 철새 도래지까지 점령한다고 하니 큰 문제가 된다.

덩치 큰 황소개구리는 미국과 같이 넓은 땅에서는 제 몸집과 그 영향력이 상대적으로 크지 않았을지도 모른다. 그러나 작은 종자만 옹기종기 모여 사는 한국의 연못에서는 가장 큰 왕자로 군림하여 생태계를 휘젓고 다니는 것이다.

작은 연못에서 작은 몸집으로 분수를 즐겼던 고유의 참개구리들은 이제 거와巨蛙의 위세에 눌려 생존을 위협받게 된 셈이다. 자기 몸집은 종전과 같은데 저보다 큰 침입자로 인해 일순간 왜소한 존재로 전락한 것이다. 황소개구리가 없는 작은 연못을 찾는다면 얼마나 행복하겠는가. 그래서 행복해지기 위해서는 '나에게 맞는 바른 연못[Robert H. Frank, 《Choosing the Right Pond》(Oxford University Press, 1985)의 제목]'을 골라야만 한다.

개구리에게만 연못이 중요한 것이 아니다. 우리 인간에게도 나 자신의 절대적인 기준보다는 남과 비교되는 상대적 잣대가 더 중요한 경우가 많다. 이런 현상은 특히 소비에서 많이 나타난다. 옆집에서 어제 산 최신 유행물을 사야만 마음이 평안하고 고소득 국가의 상류층이 즐기는 소비를 흉내내야만 문화인 같고 동창회에서 만난 친구네보다는 우리 남편의 소득이 더 높아야 만족하는 경우가 우리 일상에 비일비재하게 자리 잡고 있다. 그래서 서양에서는 "존스 부부를 따라가야 한다Keeping up with the Joneses"는 말이 있다. 우리 사회에서는 "사돈이 땅을 사면 배가 아프다"고 한다. 동질성과 형평성이 강한 우리 사회에서는 특히 고소득 계층의 과소비가 널리 파급된다. 절대량보다 우리와 함께 사는 연못 속의 이웃을 따라가는 것을 더 중요하게 여기는 현상이다.

이처럼 후진국이 선진국을 흉내내고 사치스런 이웃의 형태를 모방한다. 내 소득보다는 남의 소비 수준을 따르는 현상을 듀젠베리J.S Dusenberry의 '전시효과demonstration effect'라고 한다. 경제학에서 효용으로 표시되는 사람들의 만족감이 소비의 절대량뿐만 아니라 남과 비교해서 상대적 소비수준이 어느 위치에 있느냐에 의해 결정되는 현상을 설명하는 이론이다. 비록 나의 소득이 낮아 마음대로 쓰지 못해도 내 이웃보다 많으면 만족하는 것이다.

그러니까 작은 연못에 사는 개구리는 쉽게 행복해질 수 있지만 큰 연못에서 황소개구리와 함께 사는 개구리는 상대적 빈곤만 늘어가는 것이다. 이것이 바로 전시효과를 불러오는 소비의 상대성이다. 어려운 때도 세월 좋았던 시절의 소비 습관을 쉽게 버리지 못하는 것도 여기에 해당한다. 앞에서 소개했던 과시 소비도 전시효과에서 비롯되는 경우가 많다.

소비가 부족한 선진국에서는 전시효과가 경기부양에 도움이 될 수도 있다. 하지만 저축이 중요한 후진국에서는 오히려 반대현상이 나타난다. 소비의 상대성 가설을 믿는다면 큰 이웃의 소비만 기웃거리는 사람은 영원히 행복할 수 없다. 큰 연못에는 언제나 나의 생태계를 교란시키는 황소개구리가 득실거리기 때문이다. 피곤한 오늘, 내 연못 하나라도 바르게 고른다면 적은 지출로도 큰 기쁨을 만끽할 수 있을 것이다.

9

빈곤의 악순환

20세기 최악의 빈곤과 기아를 얘기할 때면 에티오피아의 참상을 빼놓을 수 없다. 그곳은 우리에게 굶주림에 시달려 피골이 상접한 어린이들을 돕자는 운동으로 널리 알려졌다. 그곳을 방문하여 직접 체험해보니 글자 그대로 목불인견目不忍見이었다. 에티오피아는 빈곤이 인간을 얼마나 참담한 생명체로 전락시킬 수 있는가를 여실히 보여주었다.

1989년 한 해 동안 기아로 200명이 죽어갔고 수만 명에 이르는 내전 부상자들도 항생제가 없어서 사경을 헤맸다. 2,000미터가 넘는 고원의 수도 아디스아바바의 거리마다 광활한 사막과 초원의 마을마다 배고픔으로 허덕이는 초췌한 모습뿐이었다. 북한과 가장 가까웠던 사회주의 정권이 시바 여왕의 후손들을 인류 최악의 기아로 몰고 간 것이었다.

지금은 내란 끝에 결국 두 나라로 분리되었지만 10년이 지난 지금도 그곳의 참담한 모습이 눈에 선하다. 빈곤이 무엇인지조차 모르는 사람들을 숙연하게 만들고, 조금만 부족해도 불평을 늘어놓는 우리의 좁은 마음을 부끄럽게 만든다. 하지만 기아와 빈곤은 먼 나라의 얘기만은 아니다. 현재의 북한도 20년 전의 에티오피아와 별반 다를 바가 없다. 20퍼센트 이상의 세계 인구가 아직도 절대 빈곤에서 벗어나지 못하고 있다고 한다. 우리나라도 아직 절대 빈곤율이 11.5퍼센트(2009)에 달하고 있다.

빈곤은 저축을 불가능하게 한다. 그것은 다시 투자 부족을 유발한다. 투자가 부족하면 생산을 증대시키기 어렵다. 따라서 고용과 소득이 늘어나지 않는다. 이렇게 되면 다시 소비가 줄어드는 '빈곤의 악순환'이 나타난다. 저개발국은 이 악순환에서 탈피하기가 어려워서 선진국으로 도약하는 게 그만큼 어렵다.

소비는 지금까지 논의한 대로 여유로운 사람들의 사치스런 행태만 설명하는 것은 아니다. 절대 빈곤 상태에서도 생존을 위한 소비는 있게 마련이다. 소득이 전혀 없는 계층도 때로는 지나친 낭비를 할 때가 있다. 절대소득 수준이 낮으면 소비에서도 다른 형태가 나타난다. 소득의 절대 수준이 최저생계비 수준에도 미치지 못하면 소비가 오히려 소득을 초과할 수도 있다.

다시 말하면, 소득보다 소비가 많아질 수도 있다. 또한 소득이 증가할수록 소득 증가분에 대한 소비의 증가분도 높게 나타난다. 즉, 소득이 10만 원 증가할 경우 소비를 7만 원 증가시킨다면 한계소비 성향이 70퍼센트라고 말한다. 낮은 소득 수준에서는 이 성향이 높게 나타난다. 그것은 소득 수준이 낮음에도 소비 증가율은 평균보다 높게 나타나는 경향을 말해준다. 그러나 케인스의 절대소득 가설에서 설명되는 대로 소득 수준이 낮으면 소비의 절대수준은 낮게 마련이다.

　비록 현재의 소득 수준은 낮아도 미래 소득까지 고려하여 소비하는 사람들도 있다. 젊은 계층이 중년층보다도 더 높은 소비성향을 나타내는 경우가 여기에 해당된다. 이것은 자신의 소득을 현재의 월급에만 국한하지 않고 평생 벌 수 있는 높은 소득 수준을 고려하여 소비 지출을 하기 때문이다. 이처럼 일생의 소득 수준을 미리 고려하여 소비 수준을 결정한다고 보는 이론을 평생소득 가설life-cycle hypothesis이라고 한다.

　평생소득은 앞서 설명한 영구소득과 유사하다. 하지만 인생의 주기에 따라 소비 행태를 결정한다는 측면에서는 차이가 있다. 실제 사람들의 소비행태는 복합적인 요인에 의해 결정된다. 때로는 영구소득이나 평생소득에 의해 좌우된다. 이웃의 행태에 흔들려 분에 넘치는 호피 무늬 옷을 과시 소비로 사들이기도 한다. 좋았던 시절의 영화를 잊지 못해 풍요로웠던 소비의 늪에서 평생을 헤어나지 못하는 경우도 있다.

　자동차 왕으로 유명한 포드는 지독한 구두쇠였으나 포드 2세는 낭비벽이 심했다고 한다. 부자간의 대조적인 소비 행태를 묻자 "그 녀석은 아버지를 잘 만났다. 하지만 나는 그렇지 못했다"고 말했다. 평생소득 가설을 제대로 이해했다면 오늘부터는 낭비가 심한 아이를 꾸중하지 않아도 될 것 같다. 낭비하는 이유는 부모를 과신했거나, 그도 아니면 아마도 자신의 평생 기대소득을 부모보다 높게 책정하였기 때문이리라.

10

뷔페가 좋은 이유

"나는 생선회가 좋겠다." "엄마, 갈비 집에 가요. 그래도 고기가 좋은 것 같아." "에이, 맥도널드 가면 좋을 텐데……." "아냐, 할머님이 계시니 아무래도 한식으로 가자." "나는 한식은 싫은데…… 매일 먹잖아요."

어쩌다 가족이 모두 외식 한번 하려면 장소를 선택하기가 무척 힘들다. 모두 다 취향이 제각각이기 때문이다. 한 녀석이라도 틀어지면 아무리 음식이 좋아도 그날은 날려버리는 셈이다. 그렇다고 한 번 꺼낸 일을 접을 수도 없다. 가장은 이래저래 힘들기만 하다.

이럴 때 어떤 선택이 가능한가? 가장 편한 결정은 뷔페를 선택하는 것이다. 아니면 아이를 설득해서 한 번은 큰 녀석의 뜻을 따라 갈비 집에 가고 또 한 번은 맥도널드를 가기로 하는 것이다. 그러나 이것 역시 결과적으로는 뷔페를 선택하는 것과 같다. 시차를 두고 여러 음식을 먹는 것이니까. 따라서 몇 가지 음식을 골고루 먹는 것이 가장 현명하다는 결과가 된다. 의사들이 권하는 것처럼.

그런데 오늘은 경제학자도 여러 음식을 골고루 먹으라고 권하고 싶다. 건강 때문이 아니다. 경제적 관점에서도 타당한 논리가 있기 때문이다. 뷔페가 더 싸기 때문이 아니라 음식으로부터 얻는 만족감이 더 크기 때문이다. 생선회 한 가지만을 많이 먹는 것보다 이것저것 조금씩 맛보는 것이 더 즐겁지 않은가.

왜 그러할까? 뷔페에 가면 사람마다 많이 먹는 음식이 다르다. 자신이 제일 좋아하는 것을 먼저 선택하고 싫어하는 것은 적게 먹는다. 일단 비용은 모두 지불했지만 '소화능력'의 한계 때문에 제한된 음식을 선택하게 된다. 이것은 만족을 극대화하려고 노력하는 경제 원리와 같다. 한 사람이 5만 원을 내고 뷔페에 가서 음식을 선택하는 경우를 먼저 생각해보자. 갈비, 초밥, 샐러드의 세 가지를 선택했다. 첫 '입'에 얻을 수 있는 만족감의 크기를 숫자로 표시해보자. 갈비 한 '입'으로는 120, 초밥은 100, 샐러드로는 80의 만족을 얻는다면 어떤 음식을 먼저 집어야 할 것인가? 당연히 갈비를 선택해야 한다.

이렇게 소비에서 얻게 되는 만족감, 즉 행복을 경제학에서는 효용이라고 말한다. 이제 두 번째 먹을 음식의 효용을 측정하자. 한 단위 더 소비할 때마다 얻게 되는 효용의 증가분을 한계효용이라고 부른다. 갈비는 이미 한 번 먹었으니 두 번째에서 얻을 수 있는 만족감은 120보다는 작아지지 않을까. 한계효용이 점차 줄어들기 때문이다.

소비가 증가할수록 한계효용은 줄어들게 마련이다. 따라서 갈비만 계속 먹으면 추가적인 만족감은 점차 감소하고 어느 수준에서는 갈비보다 초밥을 맛보는 것이 더 좋은 상태가 된다. 초밥을 많이 먹으면 이번에는 초밥의 매력도 떨어지겠지. 그러면 샐러드를 찾는다. 그래서 갈비만 계속 먹는 것보다 초밥과 샐러드를 골고루 먹는 것이 한 끼의 식사를 더 근사하게 한다.

이렇게 한계효용을 좇아서 선택하다 보면 결국은 여러 가지를 골고루 조합하는 것이 가장 현명한 결정이 된다. 처음에는 한계효용이 가장 큰 것을 먼저 선택하고 점차 여러 재화의 한계효용이 같게 되는 조합을 만들어나가는 것이다. 한 가지를 선택할 때마다 늘어나는 효용을 크게 해야만 전체 효용의 합계도 극대화되지 않겠는가. 결국은 모든 음식의 한계효용이 같도록 먹어야 가장 큰 만족을 얻는다. 이것을 한계효용 균등의 법칙이라고 한다.

물론 술꾼들에게는 알코올의 한계효용을 체감하지 않을 수도 있다. 그 사람은 술만 마시는 것이 효용을 극대화하는 방법이다. 그러나 보통 사람들은 역시 한 가지보다는 여러 종류의 음식을 더 즐겨한다.

11

그래도 나는 술이 좋다

한 잔 먹세그려

또 한 잔 먹세그려

꽃을 꺾어 술잔 수를 꽃잎으로 셈하면서

한없이 먹세그려……

　　　　　　　　　　　　- 송강 정철, 〈장진주사將進酒辭〉 중에서

　애주가들의 소망은 그저 또 "한 잔 먹세그려, 먹세그려"이다. 앞 장의 뷔페에 따라나선 아이와는 전혀 다르다. 이것저것 가릴 겨를도 없이 술만 찾는다. 갈비 한 점과 샐러드 조금을 맛보면서 합리적 선택을 한다는 것이 어리석을 따름이다. 그래서 경제학은 비현실적이며 어려운 용어로 엉뚱한 소리만 한다고 술주정을 늘어놓으리라. 조금 도가 지나치면 알코올중독으로 분류되리라.

술뿐만이 아니다. 세상에는 특정한 상품이나 서비스에만 깊게 탐닉하는 사람이 많다. 담배도 그렇고 커피도 그렇고 향수도 그렇다. 같은 술이라도 소주만 고집하는 꾼들도 비싼 양주나 희귀한 명주名酒만을 즐기는 부류도 많다. 술을 많이 마실수록 '한 잔 더' 먹는 기쁨이 줄어들지 않기 때문에 술보다 더 큰 만족을 주는 것을 선택하지 않게 된다. 이렇게 되면 여러 재화의 소비에서 얻게 되는 한계효용을 균등화시켜야 최대의 만족을 얻을 수 있다는 이론이 틀린 것처럼 보인다.

그러나 이런 현상도 한계효용의 원리에 어긋나는 것은 아니다. 술만 찾는 주당酒黨이 술을 '한 잔 더' '한 잔 더' 마시면서 얻게 되는 한계효용이 여전히 크기 때문이다. 커피와 담배도 마찬가지다. 아무리 "꽃을 꺾어 술잔 수를 세어도" 한 잔 더 마시는 기쁨, 한계효용이 좀처럼 줄어들지 않는다. 술의 한계효용이 다른 재화보다 계속 더 크게 나타난다면 그 주당을 누가 어떻게 말리겠는가. 스스로 효용을 극대화하면서 즐기고 있는 셈이다.

그렇다면 술값이 엄청나게 올라도 그러할까? 접대받지 않고 자기 돈으로 사서 마시는 경우도 그러할까? 대부분 그렇지 않을 것이다. 쓸 돈이 제약된 보통사람들은 술값에 예민하게 반응한다. 자기 건강에 신경을 쓰는 사람도 마찬가지다. 합리적으로 생각한다면 많이 마실수록 한계효용이 점차 줄어드는 것을 실감한다. 돈을 쓰는 사람들은 누구나 가격에 신경을 쓸 수밖에 없다. 그래서 1만 원의 지출을 통해서 얻을 수 있는 효용을 마음속으로 셈해보고 한계효용이 같아지게 적절히 예산을 배분하여 사용할 것이다.

그래도 '꾼'들에게는 한계효용이 줄어들지 않는 재화가 있다. 물론 특정 재화에 중독된 사람들은 소비를 아무리 늘려도 한계효용을 체감하지 않는다. 다른 재화를 공짜로 갖다 주어도 달가워하지 않는다. 이런 경우를 '소비의 불포화성non-satiation'이라고 한다. 잘못된 습관으로 중독된 경우, 사치와 허영으로 낭비벽을 버리지 못하는 사례도 있다. 금과 권력이나 색에 대한 불포화성은 고전적인 사례다. 최근에는 인터넷과 마약에도 이런 증상이 많다.

세상에 술꾼들만 있다면 경제가 제대로 움직일 리 없다. 마찬가지로 모든 소비자가 소비의 불포화성을 갖고 있다면 경제원리가 다시 쓰여야 한다. 시장에는 그래도 합리적인 소비자가 주류를 이루고 있지 않은가. 가격이 올라가면 다시 한 번 씀씀이를 점검하면서 합리적 선택을 모색하지 않는가. 비록 한계효용이라는 개념을 몰라도 좋다. 돈 만 원을 더 쓸 때 느끼는 행복감을 상품마다 생각해보자. 그럼 그것이 곧 한계효용 균등의 원리가 되는 셈이다.

그래서 알코올중독자가 몇 사람쯤 시장에 있다 해도 경제 원리는 큰 타격을 받지 않는다. 우리가 쓸 수 있는 자금이 한정되어 있는 한 한계효용을 균등화시키는 논리는 변함이 없다. 그래서 가격이 오르면 수요가 감소하는 수요의 법칙도 변함이 없다. 세상 걱정 말고 "한 잔 더 먹세". 그래도 시장은 움직인다.

12

흰쥐의 현명한 선택

1980년대 초 심리학자와 경제학자로 구성된 연구팀은 흰쥐의 '합리적'인 선택 여부를 실험하였다. 가격이 올라가면 적게 소비하고 소득이 늘어나면 소비량을 늘리는 현상이 쥐의 세계에도 존재하는 것일까? 꽤 엉뚱한 발상이다. 어떻게 쥐에게 가격을 묻고 소득을 늘려준단 말인가. 그러나 실험은 성공적이었다. 쥐의 합리적 선택은 입증되었으며 그 결과는 저명한 학술지에 발표되었다.

우선, 흰쥐를 넣는 실험실에 두 개의 단추를 설치하고 단추를 누를 때마다 서로 다른 식품(예를 들면, 물과 빵)을 일정량 공급하였다. 또한 하루에 단추를 누를 수 있는 횟수를 고정해 쥐들이 쓸 수 있는 예산을 제약하였다. 그 횟수를 넘기면 빨간 불이 들어오게 하여 '돈'이 다 떨어졌음을 알려주었다. 의외로 흰쥐들은 실험실의 환경에 빨리 적응하고 '단추'와 '빨간 불'의 의미를 쉽게 이해했다.

이제 단추를 누를 수 있는 횟수를 조정하여 '소득'을 변화시키고 누를 때마다 나오는 분량을 증감하여 '가격변동'에 대한 반응을 조사하였다. 이 실험에서 쥐들은 의외로 소득이 증가하면 많이 소비하고 가격이 올라가면 적게 소비하는 '합리적인 행동'을 보였다. 또한 쥐들의 세계에서는 소득이 올라가도 오히려 적게 소비하는 열등재는 존재하지 않는다는 사실도 알아냈다(Kagel, Battalio 등의 실험, Quarterly Journal of Economics, 1981).

흰쥐도 '합리적인 선택'을 한다. 그런데 과연 사람들은 언제나 합리적인 행동을 할까? 경제학자들은 인간이 항상 자신에게 이익이 되는 합리적인 선택을 하는 경제인Homo Economicus이라 가정해왔다. 과연 그러할까? 그렇다면 왜 주가가 천정부지로 올라갈 때 더 주식을 사려고 달려드는가. 왜 마약이나 알코올중독자가 등장하는가.

많은 경제학자들이 '비합리적인' 인간의 행동에서 어떤 '합리성'을 찾으려 노력해왔다. 특히 흰쥐의 실험과 같이 심리학자를 동원해 학제적 연구를 했고 인간의 행동을 실험을 통해 분석하는 시도도 이루어졌다. 이러한 접근을 '행동주의적 경제학Behavioral economics'이라 부르기도 한다.

이 노력의 결과 2002년도 노벨 경제학상은 경제학자가 아닌 심리학자 대니얼 카너먼Daniel Kahneman이 수상하였다. 카너먼은 인간이 전통적인 경제학에서 가정하듯 사랑이나 감정도 없이 자신의 이익만을 냉철하게 합리적으로 추구하는 '경제인'이 아니라 때로는 완전한 정보도 없이 직관이나 감정에 좌우되며 주먹구구로 의사결정을 하는 '너무나 인간적인 사람'이라는 사실을 상기시키고 있다. 카너먼과 공동으로 수상한 버넌 스미스Vernon Smith는 실험을 통해 인간의 결점에도 불구하고 '경제인'을 가정한 경제이론들이 현실세계에 적용될 수 있음을 확인시켰다.

두 학자는 수많은 실험을 통해 사람들이 완벽한 지식을 가진 경제인이 아니라 주어진 상황에서 활용 가능한 정보를 최대한 활용하려는 '인간'이고 합리적이지 않은 많은 편견과 오류를 범하고 있다는 것을 보여준다. 특히 불확실한 미래를 선택하는 과정에서는 마치 광부가 금의 소재에 대한 정확한 정보도 없이 땅을 파는 것과 같이 비합리적인 의사결정을 한다는 기대이론을 도입하여 '인간의 경제적 행태'를 설명했다. 경제인이 아닌 인간Homo Sapiens을 대상으로 하는 미래의 경제학의 영역을 넓힌 것이다. '인간'의 행태를 정확하게 파악할수록 경제학의 현실적 응력은 더욱 증대될 것이다. 그러나 흰쥐와 달리 사람의 행태는 얼마나 더 복잡한가.

시장
경제학

1

풀어야 할 규제, 묶어야 할 규제

어느 날 큰딸이 셰퍼드 한 마리를 집으로 데려왔다. 선물을 받았다고 하면서 막무가내로 개집을 지어달라고 한다. 휴일 오후를 집에서 즐기던 아빠에게 날벼락이 떨어진 것이다. 그러나 아내까지 합세하니 도리가 없다. 서툰 톱질 솜씨로 앞마당에서 힘겹게 개집을 짓기 시작했는데 옆집 아줌마는 시끄럽다고 야단이다. 그러더니 결국은 경찰에 신고해버린다.

경찰은 옆집과의 화해를 종용하고 법규집을 들추더니 큰 개집이니 건축 허가를 받아야 한단다. 개집인데 웬 건축 허가? 기가 찼지만 불법 건축이라니 할 말이 없다. 딱한 사정을 봐주어 일단 급행료로 처리해줄 테니 반드시 준공 검사를 받으라는 조건을 단다. 그러나 그것은 약과. 준공 검사 과정은 점입가경이었다. 1차에서는 콘크리트 기초가 없다고 안전성을 문제 삼더니 2차 검사에서는 처마에 너무 가까이 있어서 일조권이 무시됐다고 퇴짜를 놓았다. 3차에서는 다시 상하수도 시설 미비로 트집을 잡더니 그다음에는 문턱에 장애인 통행 시설을 요구하였다. 드디어 마지막엔 개집 앞에 장애인 시설이 있다는 안내판을 붙인다는 조건으로 준공 검사 끝.

이쯤 되면 세상 살맛이 절로 날 것이다. 개집 하나에도 나라가 이렇게 신경을 써주니 무엇을 더 바라겠는가. 그러나 불행히도 이것은 우리 얘기가 아니다. 미국 NBC의 주말 시트콤 〈못 말리는 번디 가족Married with Children〉에서 번디 가족이 겪었던 한바탕 소동이다. 미국의 건축법규를 일일이 확인하지는 못했지만 건축 관련 규제가 황당하게 많은 모양이다. 자유가 보장된다는 미국에서도 건축 규제를 이렇게 철저하게 한다니 '안전한 세상'을 만드는 것이 쉽지 않은 것 같다. 하기에 아이다호 주에서는 아내와 함께 침대에 있을 때는 술을 석 잔 이상 마셔서는 안 된다는 법률까지 있다지만.

그렇다면 무엇을 어디까지 규제하는 것이 바람직한가? 우리나라에서는 건축 규제를 완화해야 한다고 주장하다가 대형 사고가 나면 일제히 규제가 소홀하다고 비판한다. 난개발을 막기 위해 준농림지를 폐지한다는 규제도 마찬가지다. 사회적 필요성도 많지만 한편에서는 사유재산권을 침해하고 주택 공급 부족을 가져올 것이라는 지적도 많다. 도대체 어느 장단에 춤을 추어야 하는가. 어디까지 시장 자율에 맡기고 정부는 무엇을 규제하는 것이 바람직한가?

경제학에서는 정부 규제를 사회적인 측면과 경제적인 측면으로 나누어 설명한다. 사회적 규제는 환경 보전, 사회적 안전, 인명의 보호를 위해 필요한 정부 개입을 말한다. 반면 경제적 규제는 시장의 실패를 막기 위하여 정부가 경제활동에 직접 개입하는 것이다. 시장 자율만으로는 해결될 수 없는 부문이 존재하기 때문이다. 그러나 모든 경제적 규제에는 반드시 규제의 비용이 발생한다. 그 비용이 너무나 커서 규제를 철폐하는 것이 바람직할 때도 많다.

선진국일수록 사회적 규제는 점차 강화하는 반면, 생산 활동에 직접 관련이 있는 경제적 규제는 줄어드는 것이 일반적이다. 소득이 높아질수록 환경, 인명, 사회적 안전에 더 관심이 많아지기 때문이다. 따라서 우리나라도 사회적 규제는 지속해서 강화하고 생산 활동에 직접 관련이 있는 경제 규제는 철폐해야 한다. 그러나 우리 현실은 오히려 정반대이다. 불필요한 경제적 규제는 많고 사회적 규제는 오히려 부족한 편이다.

번디네 셰퍼드처럼 하루라도 안전하게 살려면 사회적 규제를 강화할 수밖에 없다. 그러나 세상에는 오히려 사회적 규제로 포장된 불필요한 규제도 적지 않다. 그 결과 셰퍼드의 안전을 빌미로 엉뚱한 사람들이 피해를 보는 사례가 많지 않은가.

2

붉은 깃발을 단 자동차

1865년 영국에서는 '붉은 깃발법Red Flag Act'이 선포되었다. 자동차의 등장으로 퇴색하기 시작한 마차를 보호하기 위해 빅토리아 여왕이 성은聖恩을 내린 것이다. 기발한 아이디어로 가득한 그 법안의 주요 내용은 이러하다.

(1) 한 대의 자동차에는 세 사람의 운전사가 필요하고 그중 한 사람은 붉은 깃발(낮)이나 붉은 등(밤)을 갖고 55미터 앞을 마차로 달리면서 자동차를 선도해야 한다.

(2) 최고 속도는 시속 6.4킬로미터, 시가지에서는 시속 3.2킬로미터로 제한한다.

(3) 밤에는 촛불이나 가스 불을 달고 운행해야 한다.

(4) 시 경계를 지날 때는 도로세를 내야 한다.

산업혁명 이후 엔진의 발명으로 급속히 발전된 자동차는 법안이 선포

될 당시 이미 시속 30킬로미터 이상으로 달릴 수 있었다. 그러나 영국에서는 자동차가 시속 6.4킬로미터로, 그것도 마차가 선도하면서 달릴 수밖에 없었다. 누가 영국에서 자동차를 타고 좋은 자동차를 개발하겠는가. 이 법은 1896년에 폐지되었다. 그러나 영국에서는 달리지 못하던 자동차가 이미 프랑스와 독일에서 대량생산체제를 갖추며 대단한 인기를 누리고 있었다. 사양산업인 마차를 보호하기 위한 규제가 결국은 마차와 자동차를 모두 잃게 한 셈이다.

경제는 때로 법대로 움직이지 않는다. 환율을 규제하면 암달러상이 등장하고 알사탕 가격을 규제하면 봉지 속의 사탕 숫자를 줄인다. 그것도 모자라면 알사탕에 구멍을 만든다. 경제는 법보다는 시장이 움직이고 시장은 자신의 이익을 추구하는 우리의 마음이 움직인다. 그 마음에 과연 누가 돌을 던지겠는가.

법대로 안 되는 사례는 우리 주변에 수두룩하다. 영세 상인을 보호하기 위해 백화점 셔틀버스의 운행을 제한했지만 그 효과는 미미하다. 오히려 백화점 주변은 승용차로 교통만 더 복잡해졌다. 별다른 실익도 없이 사회적으로 더 큰 비용만 유발한 것 아닌가.

영세상을 보호하려면 영세상이 소비자의 마음을 끌게 하여야 한다. 셔틀버스를 폐지한다고 사람들의 발걸음이 방향을 바꾸는 것은 아니다. 요즘처럼 인터넷으로 슈퍼마켓에 들어가는 세상에 어떻게 그런 기대를 할 수 있겠는가.

의약분업과 건강보험의 적자도 너무 당연한 시장의 결과이다. 의약분업으로 국민건강을 증진하는 효과가 달성된다 해도 시장의 유인誘因은 보험재정의 악화를 불러올 수밖에 없다. 의사는 종전보다 자유롭게 고가약을 처방하며 처방료를 얻고 약사는 약값에다 조제료를 다시 부과한다. 거래 단계마다 부가가치가 발생하고 다른 비용이 추가되는 셈이다.

약을 한꺼번에 처방하기보다는 여러 차례 나누고, 규제받지 않는 비보험 서비스를 더 즐겨하지 않겠는가. 그렇게 해야만 자신에게 이익이 되기 때문에 시장은 더 많은 보험지출을 유발하는 쪽으로 움직인다. 의약분업은 국민건강에 기여하지만 보험재정의 건실화를 유도할 아무런 인센티브도 없는 셈이다.

시장이 법대로 움직인다면, 그것은 바로 법이 시장논리를 따르기 때문이다. 버스 전용차선제를 보라. 법이 벌과금이라는 시장의 힘을 활용하고 있기 때문에 성공하는 것이다. 이것을 시장 친화적 규제라고 한다. 그럼에도 반시장적 규제가 오래가는 이유는 역시 규제의 혜택을 받는 계층이 많기 때문이다.

자동차를 즐기는 '야타족'의 출현을 시기하는 '마차족'이 있었기 때문에 한 번 등장한 '빨간 깃발'은 쉽게 사라지지 않았던 것이다. 그런 마차족 때문에 선진국에서는 모든 규제법이 일정 기간이 지나면 자동으로 그 효력을 상실하게 하는 일몰법日沒法을 적용한다.

3

쥐꼬리만 한 월급

쥐가 꼬리로 계란을 끌고 갑니다

쥐가 꼬리로 병 속에 든 들기름을 빨아 먹습니다

쥐가 꼬리로 유격훈련처럼 전깃줄에 매달려 허공을 횡단합니다

쥐가 꼬리의 탄력으로 점프하여 선반에 뛰어오릅니다

쥐가 꼬리로 해안가 조개에 물려 아픔을 끌고 산에 올라가 조갯살을
먹습니다

쥐가 물동이에 빠져 수영할 힘이 떨어지면 꼬리로 바닥을 짚고 견딥
니다

30분 60분 90분…… 쥐독합니다

그래서 쥐꼬리만 한 월급으로 살아가는 삶의 눈동자가 산초 열매처럼
까맣고 슬프게 빛납니다

— 함민복, 〈셀러리맨 예찬〉

왜 하필 "쥐꼬리만 한 월급"이라고 했을까? 이제 그 이유를 알 것 같다. '쥐꼬리'의 기준은 모두 다르지만 많은 사람들은 자신이 쥐꼬리만 한 월급으로 살아간다고 푸념한다. 큰 꼬리도 있고 작은 꼬리도 있겠지만, 요즘에는 그 꼬리마저 잘린 사람들도 많은 것 같다. 그래서 꼬리의 길이야 어떻든 샐러리맨이라는 사실 자체를 예찬하는 것 아니겠는가.

일자리를 찾는 사람은 많다. 일자리는 적으니 당연한 현상이다. 일자리를 사고파는 것이 바로 노동시장이다. 일하려는 사람은 많고 그들을 고용하려는 기업이 적다면 노동시장에서는 공급이 수요보다 많은 초과공급 상태가 나타난다.

공급이 많으면 가격은 내려가게 마련이다. 이것은 어느 시장에서나 공통적인 법칙 아닌가. 가격은 시장마다 다른 이름을 갖고 있다. 노동시장에서는 임금이고, 금융시장에서는 이자율이며, 외환시장에서는 환율이다. 그래서 초과공급이 나타나면 임금과 이자율 등이 하락한다. 노동시장에서도 같이 초과공급이 해소될 때까지 임금이 하락한다.

그렇다면 어디까지 임금이 하락해야 초과공급이 사라지겠는가? 쥐꼬리만 한 월급을 자르고 자르다 보면, 그렇게 낮은 임금으로는 아예 일하지 않겠다는 근로자도 등장할 것이다. 일하려는 사람이 줄어들기 때문에 노동시장에서는 공급이 줄어든다. 반면, 노동력의 수요자인 기업은 임금이 내릴수록 고용을 확대하고자 할 것이다. 이렇게 되어 수요와 공급이 일치하는 점에서 균형임금이 결정된다. 초과 공급이 많을수록 이렇게 결정되는 임금은 상당히 많이 떨어진다.

경기침체로 일자리가 줄어들수록 노동력의 초과공급도 많아진다. 따라서 시장에 맡겨두면 아무리 적은 월급이라도 그저 일자리만 준다면 받아들일 수밖에 없는 처지가 된다. 임금수준이 낮아지는 것은 물론이고 쥐꼬리가 너무 작아 노동력이 착취당하는 수준에 이를 수도 있다.

이런 비극을 방지하기 위해 도입된 제도가 '최저임금제'다. 사람을 고용하려면 최소한 얼마를 주어야만 한다는 법령이다. 노동시장의 가격인 임금을 정부가 직접 나서서 통제하는 것이다. 목적은 물론 근로자의 최저 생계수준을 보호하고 소득격차를 줄이며 후생을 증진하는 데 있다. 이런 취지로 도입된 우리나라의 최저임금은 2012년 3월 기준 시간당 4,580원, 월 환산액으로는 95만 7,220원이다.

그러나 시장의 반응은 반드시 정부의 의도대로 나타나지는 않는다. 왜 그러한가? 최저임금은 시장의 균형임금보다 높은 수준에서 결정된다. 시장에서 지급되는 임금이 법정최저임금보다 높다면 최저임금제는 도입할 이유가 없다. 받을 수 있는 임금이 높아지면 새로 일하겠다는 사람이 늘어나게 된다. 이 결과 공급이 늘어나서 실업은 더 늘어난다. 즉, 최저임금은 이미 일자리를 얻은 사람은 보호하지만, 새로운 실업자를 늘어나게 하는 부작용을 불러올 수 있는 것이다.

실업자가 많아질수록 낮은 임금으로 불법 취업하는 사람도 늘어날 수 있다. 쥐꼬리만 한 월급을 보호하는 제도에도 부작용이 있을 수 있다. 쥐는 제 꼬리라도 쥐 맘대로 움직이지만, 우리는 꼬리도 제대로 통제하기 어렵다. 시장에는 워낙 많은 사람이 움직이기 때문이다.

4

불균형 속의 균형

    모스크바를 여행하는 사람들은 누구나 "붉은 광장" 남쪽 끝자락에 서 있는 특이한 건축물에 놀라움을 느낀다. 어딘가 조화를 이루지 않는 듯하면서도 서로 다른 모양과 색깔이 아름답게 얽혀 있는 바실리 사원이다. 언뜻 보면 여러 개의 양파 같은 지붕을 제멋대로 올려놓은 듯하다.

    이반 4세(1530~1584)가 카잔 한(汗)을 정복한 기념으로 만들었다는 이 사원은 8개의 작은 예배당이 대각선으로 이어지며 2개의 십자가를 그리고 있다. 그러나 서로 균형이 맞지 않는 듯하면서도 아름답기 그지없이 절묘한 조화를 이루고 있어 '16세기 러시아의 건축미학을 대변하는 결정체'로 손색이 없다.

    지금도 이 사원은 불균형의 조화를 상징하는 세계적 건축물로 꼽히고 있다. 사원이 완성되자 황홀에 빠진 이반 4세는 설계자인 포스토닉 바르마의 눈을 뽑아 더는 이런 건축물을 짓지 못하도록 했다니, 아름다움이 지나쳐 비극도 뒤따랐던 것 같다.

세상에는 단 1밀리미터의 오차도 용납하지 않고 정확하게 균형을 이루는 것도 있지만, 바실리 사원처럼 서로 다른 크기와 모양을 갖는 불균형 속에서도 조화를 이루는 경우가 많다. 경제학의 균형도 마찬가지다. 수급이 조화된 균형도 있고 불균형 속의 균형도 있다.

먼저 애덤 스미스의 전통적인 균형은 수요와 공급이 딱 들어맞는 상태에서 이루어진다. 예를 들어 균형가격이 15,000원이라고 하자. 시장가격이 15,000원에서 16,000원으로 오르면 수요는 줄고 공급이 늘어난다. 이렇게 되면 시장가격은 다시 내려가게 되고, 결국은 균형상태(15,000원)를 회복한다. 15,000원에서 벗어나면 다시 균형가격으로 되돌아오는 힘이 생기는 것이다. 이는 정부가 시장에 개입하지 않아도 자동으로 작동하는 '보이지 않는 손'이다. 이때 수요와 공급이 서로 조화를 이루는 균형이 달성된다.

이런 균형이 항상 성립될 수 있다면 얼마나 좋겠는가? 그러나 실제 경제에서는 전통적인 균형이 반드시 만족하는 것은 아니다. 노동시장을 생각해보자. 현재 월급 200만 원에서 200만 명이 고용되어 수요와 공급이 일치하는 균형 상태에 있다고 하자. 그런데 갑자기 경기가 침체하여 일자리가 줄어들고 기업이 180만 명만 채용하려고 한다면 어떻게 될까?

수요가 줄어들었으니 당연히 임금도 떨어져야 한다. 임금이 떨어지면 일하고 싶어 하는 노동력의 공급도 줄어들 것이다. 따라서 180만 명이 180만 원을 받고 고용되는 새로운 균형을 기대할 수 있다. 이 상태에서는 일하고자 하는 사람(공급)과 고용하고자 하는 인력(수요)이 일치해 일하고 싶어 하는 사람은 모두 일자리를 찾는 균형상태가 된다. 물론 실업자도 없다. 바로 전통적인 애덤 스미스의 조화로운 균형상태다.

이런 균형이 항상 성립될 수 있다면 얼마나 좋겠는가? 그러나 세상이 그렇게 단순한가? 실제로는 경기가 나빠져도 기업이 임금을 내리기가 어렵다. 노동조합과 협의해야 하고 임금은 내려가지 않으려는 속성, 즉 하방경직성을 갖기 때문이다.

일자리가 줄었는데도 임금이 종전(200만 원)과 같이 높은 수준에 있다면 문제가 발생한다. 임금이 높으므로 일자리를 원하는 사람(공급)이 200만 명에서 줄지 않기 때문이다. 일자리는 180만 명밖에 없으니 결국 20만 명의 실업자가 발생한다.

수급이 맞지 않아 실업자가 많은 것이 어찌 조화로운 균형이겠는가? 그러나 임금이 떨어지지 않기 때문에 실업상태가 오래 지속되는 '균형'이 등장하는 것이다.

부조화의 균형을 이루는 건축물은 비록 비극이 뒤따랐어도 아름답기라도 하다. 그러나 수요와 공급이 일치하지 않는 불균형의 균형은 실업이라는 비극만 남길 뿐 전혀 아름답지 않다. 이 균형은 어떤 자극이 없이는 부서지지도 않는다.

5

두 도시 이야기

마네트는 우연히 귀족의 비밀을 알게 된 죄로 18년간이나 바스티유 감옥에 갇힌다. 형기를 마치고 한 많은 파리를 떠나 런던으로 건너가지만 파란만장한 인생의 역경은 계속된다. 딸 루시를 사랑하는 귀족 출신 대니가 반혁명으로 몰리고 또 다른 사랑 때문에 대니 대신 변호사가 희생되는 파란을 겪는다.

파리와 런던, 비록 공간은 달라도 긴박한 위기와 역정이 두 도시에서 이어지는 것이다. 혁명과 귀족제도의 사슬에서 아무도 자유롭지 못하다. 프랑스혁명을 배경으로 처연하게 살아갈 수밖에 없는 두 도시 사람들의 같은 운명이 찰스 디킨스의 《두 도시의 이야기A Tale of Two Cities》에 잘 그려져 있다.

두 도시의 같은 운명이 어찌 소설에만 있는가. 부에노스아이레스와 서울. 비록 2001년과 1997년으로 시공이 다르지만 외환위기의 긴박함,

혼란, 경제파탄 등 두 도시의 정경이 소설처럼 비교된다. 특히 위기의 직접적인 도화선이 되었던 환율관리는 바로 '두 도시의 한 이야기'이다.

부에노스아이레스는 이미 2001년 초부터 새 환율제도로 크게 흔들리고 있었다. 달러와 페소화를 1:1로 고정하고 자유롭게 교환하는 제도를 채택했기 때문이다. 달러화에 환율을 고정해 달러 보유액만큼만 국내 통화량을 조절하는 것이었다. 따라서 재정적자가 발생해도 돈을 찍어 메울 수 없었고 인플레이션도 억제할 수 있었다. 만약 아르헨티나 경제가 미국만큼 건실하다면 장점도 많은 시스템이다.

그러나 경기가 침체된 아르헨티나에서 어떻게 페소를 달러에 1:1로 고정할 수 있겠는가. 불가피하게 높은 이자율로 자금을 유인할 수밖에 없어 금리는 300퍼센트로 세 배나 폭등하였다. 경기는 더욱 침체됐고 재정적자도 누적됐다. 페소화가 평가절하되고 환율이 올라가야 했는데도 정부는 지속해서 페소를 달러에 묶어놓았다. 규제를 통해 페소화의 가격을 높게 유지한다.

이런 규제에 시장은 어떻게 반응하는가. 환전까지 보장되어 있으니 너도나도 페소를 버리고 달러로 바꾸기 시작했다. 외환보유고는 급격히 감소했고 주식과 금융시장이 혼란에 빠져 결국 경제위기로 치닫는 도화선이 되었다.

1997년의 서울, 공간적으로는 부에노스아이레스의 정반대 쪽에 있지만 두 도시의 이야기는 매우 유사하다. 한국은 세계화의 열풍으로 경상수지 적자가 1995년에 85억 달러에서 1996년에는 230억 달러로 확대되었다. OECD 가입과 국민소득 1만 달러의 환상으로 너도나도 외국여행에 나섰고 적자는 단기외채로 메워졌다.

적자가 발생하면 당연히 원화가치가 떨어져 환율이 올라가야 한다. 그래야 외국여행과 수입이 줄어들고 적자 폭도 감소한다. 자연스런 시장의 조정현상이 환율을 통해 나타나는 것이다. 그럼에도 불구하고 환율은 1996년 9월 달러당 820원대에서 1997년 9월에도 915원을 유지했다. 고정환율제는 아니었지만, 경상수지의 적자를 반영하는 환율조정은 나타나지 않았다.

1997년 10월, 사태는 더 심각하게 나타났다. 외국에서 원화환율이 폭등하기 시작한 것이다. 그러나 정부는 엉뚱하게도 환율을 방어하겠다고 나섰다. 그 이후의 결과는 두 도시에서 같은 이야기다. 정부는 펀더멘털 fundamental이 강하다고 자신했지만, 사람들은 원화를 버리고 달러를 사들였다. 규제로 원화의 가격을 높게 유지시킬 수는 없었던 것이다.

시장흐름에 반하는 규제가 두 도시에서 비극의 도화선이 된 셈이다. 아르헨티나는 엄청난 비용을 치르고 난 후에야 정부 규제를 버리고 변동환율제로 돌아섰다. 물론 역사는 두 도시에서만 되풀이되는 것이 아니다. 어디서나 자유로운 변동환율제가 경제위기를 막는 데 더 효과적이다.

6

인플레이션도 팔자인가

변강쇠와 옹녀는 정력이 넘치는 호색한과 음녀淫女로 널리 알려져 있다. 그러나 《변강쇠전》의 원전 어디에서도 변강쇠와 옹녀를 그렇게 묘사한 곳은 찾기 어렵다고 한다. 오히려 《춘향전》에 나오는 육담肉談에도 미치지 못한다고 한다. 아무리 그래도 옹녀의 기구한 운명과 팔자를 보면 원전의 이미지가 왜 그렇게 왜곡되었는지를 쉽게 알 수 있다.

오래전 공연된 마당극 《변강쇠전》에 따르면, 용모와 자색이 뛰어난 옹녀는 평생 청상과부 팔자로 태어났다고 한다. 기구한 팔자대로 '콩 주워 먹듯' 서방을 잃는 것이다. 그뿐만 아니다. 옹녀의 색을 탐한 남자는 모두 황천길로 떠나니 어느 동네에선들 살 수가 없다. 운 좋게 궁합이 잘 맞는 변강쇠를 만나 천생연분으로 행복한 나날을 보내지만, 이 역시 잠깐이다. 옹녀는 다시 팔자대로 변강쇠도 잃는다. 결국 옹녀는 자신의 팔자를 받아들일 수밖에 없었다.

경제에는 다행히 옹녀의 팔자 같은 운명론은 없다. 어떤 나라도 가난을 극복할 수 있고, 경제 대국도 언젠가 초라해질 수 있기 때문이다. 그러나 같은 현상이 반복되면, 이것이 소비자와 기업의 기대에 영향을 미쳐 어떤 타성을 형성할 수도 있다. 마치 어떤 물질의 물리량이 지나온 상태의 변화과정에 의존하는 이력履歷(hysteresis) 현상과 같다.

가장 흔한 사례가 바로 초인플레이션hyperinflation 현상이다. 미국의 남북전쟁, 1920년대의 독일, 1970년대 이후 남미가 대표적인 사례다. 볼리비아의 인플레이션은 연 1만 퍼센트가 넘기도 했다. 1년에 200~300퍼센트가 넘는 인플레이션이 수년 동안 나타나면 모든 경제주체가 인플레이션에 익숙해져 버린다. 그리고 인플레이션이 높은 경제상황을 당연한 것으로 받아들인다. 그렇게 되면 그 경제는 초인플레이션의 팔자에서 벗어나기가 정말 어려워진다. 인플레이션의 재발을 팔자처럼 당연한 것으로 기대하고 자신의 행동을 선택하기 때문이다. 관성이 만들어지는 셈이다.

"돈을 주머니에 넣고 상품을 카트에 싣고 오다가, 이제는 거꾸로 카트에 실은 돈으로 물건을 사서 주머니 채우기도 어렵죠. 도배는 오히려 지폐로 하는 것이 더 저렴하죠. 모든 물자가 부족하지만, 넉넉한 것은 지폐뿐이죠. 가격이 얼만지를 몰라서 영업이 자주 중단 되고요. 물건은 모두 감추어 놓는 게 최고죠. 금속으로 된 화폐는 나오기가 무섭게 사라지고 쓸모없는 지폐만 무성한 사회죠."

초인플레이션이 반복되는 것을 경험한 이 사람은 자신의 경험대로 기대를 한다. 있는 돈으로 어떤 물건이든 사려고 한다. 기업은 내일이면 물가가 더 오를 것으로 기대하니 오늘 상품을 공급하려 하지 않는다. 정부가 아무리 물가를 안정시킨다고 해도 믿지 않는다. 경제의 '팔자'는 초인플레이션이라는 자신의 기대대로만 행동한다. 저축은 생각조차 할 수 없고 소비만 늘어가니 인플레이션은 더욱 심화된다. 노사협상에서도 초인플레이션에 대한 기대를 반영한다. 이자율도 통화량도 환율도 초인플레이션이 나타날 것이라는 기대에 영향을 받는다. 이런 경제에서 어떻게 임금이 안정되겠는가.

디플레이션이 만성적으로 나타날 때도 같게 움직인다. 내일이면 물가가 더 내려갈 거라고 기대하기 때문에 오늘의 소비를 더 연기한다. 돈을 안 쓰니 기업의 수입은 더욱 줄어들고 고용은 감소하며 결국은 다시 소득과 소비가 줄어든다. 장기 불황에 빠진 일본의 사례다.

디플레이션 '팔자'도 쉽게 빠져나오기 어렵다. 만성적인 현상을 '팔자'라고 받아들이는 사람이 많아질수록 그 '팔자'에서 헤어나오기가 힘들다. 사람들의 기대가 '팔자'를 세게 만들어 같은 현상이 되풀이되기 때문이다. 이런 상황에서는 마치 옹녀의 팔자에 걸린 남자처럼, 경제도 안정을 잃고 허우적거릴 수밖에 없다. 그것도 스스로 만들어 낸 '팔자' 때문에.

7

기대 효과

"작은 풀은 봄철을 만나 피어나고 연꽃은 가을에 피어날 것이다. 큰 장사배가 손으로 천금을 희롱할 만큼 재물을 가득 싣고 돌아왔다. 가뭄에 새싹이 단비를 맞았으니 어찌 다시 살아나고 빛을 발하지 않겠느냐."

"옛 땅에 봄철이 돌아왔으니 만물이 소생하여 기쁨을 얻게 되리로다. 문서가 변하여 복을 만들어줄 것이니 의외로 재물을 얻게 될 것이다. 재물은 반드시 관문에 있으니 외재를 탐하지 말고 지성으로 임하라."

연초에는 많은 사람이 재미삼아 토정비결을 본다. 일간지의 '오늘의 운세'로 하루를 시작하는 사람도 많다. 내용이야 어떻든 나름대로 어딘가에 미래에 대한 기대를 걸어보고 싶기 때문이리라. "귀인을 만나 운수 대통한다"면 그날은 이유 없이 즐거워지고 "소리만 많다가 결과는 허무할 것이니 될 수 있으면 자중하라"고 하면 시무룩해진다.

좋은 괘로 하루를 시작하면 하는 일마다 잘 풀리고, 시무룩하게 시작하면 되는 일이 없는 하루가 되기도 한다. 그날의 기대와 느낌이 자신의 행동에 영향을 미치고 결과를 좌우하게 되는 것이다. 그래서 일상에서도 긍정적 기대를 하고 살아가는 것이 매우 중요하다.

경제에도 사람들의 기대가 많은 영향을 미친다. 기대가 그대로 반영되는 대표적인 사례가 바로 물가이다. 많은 사람이 정초에 "남쪽으로 가면 귀인을 만나리"를 믿고 강남의 아파트 가격이 오를 것이라고 기대하면, 그 결과는 어떻게 되겠는가.

수요가 증가하고 가격이 뛰기 시작한다. '떴다방'이 등장하여 가수요를 부추긴다면, 이런 현상은 더욱 심화된다. 그러나 아파트의 공급은 당장 늘릴 수 없다. 공급이 상당히 경직적이기 때문에 소비자의 기대로 시작된 가격상승을 막을 수 없다.

물론 기대가 논리적인 근거가 있다면 많은 사람에게 더 큰 파급효과를 가져온다. 어떻게 그런 기대가 형성될 수 있을까? 기대는 여러 가지 방법과 경험을 토대로 만들어진다. 먼저 과거의 경험을 바탕으로 미래에 대한 기대를 형성하는 경우를 보자.

작년에 물가가 5퍼센트만큼 오를 것이라고 믿었는데 실제로는 4퍼센트밖에 안 올랐다고 하자. 그러면 새해 물가를 예측할 때에는 작년의 경험을 반영한다. 작년에 실제로 올라간 4퍼센트뿐만 아니라 당시의 예측치 5퍼센트와의 차이까지 고려한다. 즉, 다음 해를 예측할 때 과거의 기대와 경험을 동시에 반영하는 것이다. 이런 기대를 '적응적 기대adaptive expectation'라고 한다.

실패로 얼룩진 경험은 쓸모없을 수도 있다. 그래서 경험보다는 현재

주어진 정보를 바탕으로 기대를 형성할 수도 있다. 현재 강남의 아파트 수급상황은 어떻고 경제 사회적 현실이 어떠하니 미래는 이렇게 될 것으로 예측하는 것이다. 즉, 완벽하지는 않지만 현재 가진 모든 정보를 활용해서 미래를 예측하는 것이다. 이를 '합리적 기대rational expectation'라고 한다.

물론 아무도 미래를 완벽하게 예측할 수 없다. 누구의 기대라도 오차는 있게 마련이다. 그 오차가 너무 컸다면 오른 아파트 가격이 언젠가는 떨어져야 한다. 다시 말하면 오차가 컸기 때문에 가격에 거품이 생긴 것이다.

기대는 항상 경제를 움직이는 중요한 힘이 된다. 그래서 기업가의 기대는 경기실사지수BSI, 소비자의 기대는 소비자신뢰지수CCI에 반영하여 경기예측자료로 활용한다. 모두가 '금년의 운수는 장사로 대통할 수'라고 기대한다면 어찌 투자가 활성화되지 않겠는가. 물론 그 기대에 오차가 적어야 내년에도 토정비결을 볼 것이로다.

8

다수결의 함정

    선거가 끝나면 여운이 남는 경우가 많다. 절대다수의 지지로 당선되는 사람도 있지만, 설마 했는데 엉뚱한 사람이 선출되는 경우도 있다. 그 사람은 도저히 당선될 수 없는 사람인데 너무 당당하게 금배지의 반열에 오르는 아이러니도 많다. 그래도 민주주의를 신봉하는 백성은 역시 '민심이 천심'이라고 받아들인다. 반대로 "선거는 믿을 게 못 된다"고 투덜거리는 사람도 많다. 다수결로 승패를 가리는 투표는 과연 '합리적인 선택'일까? 더 넓게 본다면 민주주의적 선택은 과연 합리성을 갖추고 있는 것일까?

    어려운 질문 같지만 경제학에서는 이 문제에 대한 명쾌한 답변을 찾을 수 있다. 그런데 놀랍게도 정답은 그렇지 않다는 것이다. 민주주의를 전면 부정하는 것일까? 노벨 경제학상을 받은 케네스 애로Kenneth J. Arrow가 증명한 정리에 그 해답이 있다.

우선 무엇이 합리적인지부터 생각해보자. 합리적인 인간은 이성에 따라 행동하는 사람이다. 무엇이 이성에 따른 행동일까? 우선 모든 일에 '일관성' 있는 판단을 할 수 있어야 한다. 최소한 A·B 두 후보 중에서 "나는 A가 좋다"거나 "B가 좋다"거나 아니면 "A와 B가 똑같다"는 판단을 할 수 있어야 한다. 여러 선택 가능한 항목 중에서 무엇이 좋은지를 말할 수 있어야 한다. 이것을 경제학에서는 선호選好관계의 완전성이라고 한다. 즉, 모든 문제에 어떤 형태로든 의사를 밝히는 것이다. 너무 간단하지만 합리적 인간의 첫째 조건이다.

합리성의 둘째 조건은 일관성이다. 시장에서 변덕스러운 사람을 제거하자는 뜻이다. 회사에서 워크숍 장소를 결정하는데, 제주도·경주·설악산이 있다고 하자. 제주도를 경주보다 좋아하고, 경주는 설악산보다 좋다고 하자. 그렇다면 제주도와 설악산의 선호관계는 어떻게 될까? '일관성'이 있는 사람이라면 제주도가 설악산보다 훨씬 더 좋아야 할 것이다. 그렇지 않다면 모순이 발생하지 않겠는가. 사과를 배보다 좋아하고 배는 그래도 복숭아보다 좋다면 어떻게 복숭아가 사과보다 좋다고 말할 수 있겠는가? 이런 현상을 선호의 이행성移行性이라고 한다. 변덕스럽지 않고 한결같이 여러 선택에 자신의 선호를 이행시키는 것이다.

두 조건이 만족할 때 합리성이 성립된다. 너무나 당연하고 기본적인 특성만 요구하는 셈이다. 소비자가 모든 물건에 선호관계를 분명히 표시한다. 그렇게 여러 재화 중에서 선택할 때도 모순되지 않게 일관성 있는 결정을 할 수 있을 때 바로 합리적인 소비자가 등장하는 것이다.

이제 합리성을 모두 갖춘 세 투표자가 국회의원을 고른다고 하자. A,

B, C 세 후보 중에서 좋아하는 순서를 합리적으로 결정했다고 하자. 갑은 A를 B보다 좋아하고 C보다는 B를 좋아한다. 순서대로 쓴다면 A＞B＞C 라고 하자. 을은 C＞A＞B의 순서대로 선호관계를 갖고 병은 B＞C＞A의 선호관계가 있다고 하자.

세 사람이 투표로 하나를 고른다면 어떤 결과를 가져올까? A를 B보다 좋아하는 사람이 둘이고 B를 C보다 좋아하는 사람도 둘이다. 그런데 자세히 살펴보면 C가 A보다 좋다는 사람도 둘이나 된다. 다수결의 원칙에 따르자면 B와 A 중에서는 A를, C와 B 중에서는 B를 선택한다. 그런데 다시 A와 C를 놓고 보면 C를 선택하게 된다. 다수결의 결과 A＞B＞C＞A라는 모순이 등장하게 된다. 누가 좋은지 알 수가 없다. '투표의 역설'이 나타난 것이다.

개인은 분명 각각의 경우에 합리적이고 일관성 있게 행동했지만 다수결이라는 투표과정을 거치면 모순과 비합리성이 나타난다. 선거만이 아니다. 어떤 것이든 다수결로 의사결정을 하면 항상 이런 문제가 등장한다. 어찌 된 영문일까.

9

민주주의는 합리적인가

1921년에 태어난 케네스 애로는 경제학자의 꿈을 안고 뉴욕 시립대학을 거쳐 콜롬비아 대학 박사과정에 진학하였다. 제2차 세계대전으로 5년 이상 학업을 중단하기도 했지만, 30세가 되던 해 드디어 〈사회적 가치와 개인의 선택〉이라는 논문으로 학위를 받았다. 이 논문에서 애로는 놀랍게도 다수결에 의한 의사결정이 결코 합리적이지 않다는 사실을 밝힌다.

설악산, 경주, 제주 중에 하나를 고르는 것이 과연 그렇게 어려운 일이었을까? 이 사례에서는 다수결로 결정을 못 내리고 결국 교착상태에 빠졌다. 개인적으로는 합리적 선택이었지만 다수결을 통한 집단적인 결과는 전혀 합리성이 없었던 것이다.

다른 형태의 예에서도 결과는 마찬가지다. 회식 장소를 정한다고 하자. 일식, 한식, 중식이 있는데 세 사람의 취향이 서로 다르게 나타났다.

신입사원은 일식을 한식보다 좋아하고 중식보다는 한식을 더 좋아한다. 순서대로 쓴다면 일식>한식>중식이다. 대리는 오히려 중식>일식>한식, 과장은 한식>중식>일식의 선호관계를 갖고 있다고 하자.

세 사람이 투표로 하나를 고른다면 어떤 결과를 가져올까? 일식을 한식보다 좋아하는 사람이 둘이고 한식을 중식보다 좋아하는 사람도 둘이다. 그런데 자세히 보면 중식이 일식보다 좋다는 사람도 둘이나 된다. 다수결의 원칙에 따르자면, 한식과 일식에서는 일식을, 중식과 한식에서는 한식을 선택한다.

그런데 다시 일식과 중식을 놓고 보면 중식을 선택하게 된다. 다수결의 결과 한식>중식>일식>한식이라는 모순이 등장한다. 이 중 하나만 골라야 하는데 어느 것이 좋단 말인가. 물론 지위가 높은 과장이 결정하거나 신입사원에게 결정권을 주면 간단히 끝낼 수 있다. 그러나 다수결로는 결정할 수 없는 교착상태에 빠지는 것이다.

이런 현상은 사회적 선택을 하면 나타날 수 있다. 서울시에서 동일한 규모의 예산을 들여 청계천을 복원하거나(A), 지하철을 확장하거나(B), 도로시설을 보완하는(C) 선택이 있다고 하자. 세 그룹으로 나누어 다수결에 붙이면 똑같은 어려움에 빠질 수 있다. 어떤 안을 먼저 투표하느냐에 따라 결과가 달라질 수도 있다.

이런 현상을 설명하기 위해 애로는 우선 사회적 선택이 지녀야 할 특성을 살펴보았다. 사회를 구성하고 있는 구성원이 합리적인 선택을 할 수 있어야 하고 모든 사회적 문제에 선호를 밝힐 수 있어야 한다. 또한 모든 사람이 A를 B보다 선호한다면 당연히 사회적으로도 A가 선택돼야 한다. A와 B에 관련 없는 다른 상황의 변화는 영향을 주지 말아야 한다. 즉, A>B에 관한 가치판단이 변함이 없다면 다른 상황이 변해도 A>B의 선호관계가 존중되어야 한다.

또한 투표규칙에서 특정한 사람의 선호를 강요하지 않아야 한다. 말하자면 독재자가 없어야 한다는 조건으로, '과장'에게도 한 표만 주어야 한다는 것이다. A>B 이고 B>C 라면, 당연히 A>C라야 한다. A를 B보다 좋아하는 개인이 많다면, 다른 상황의 변화나 독재자의 의사와 관계없이 사회적으로도 항상 A가 선택되어야 하지 않은가.

실제 이런 조건은 까다로운 것이 아니다. 그럼에도 애로는 이 모든 조건을 만족하게 하는 사회적 선택은 불가능하다는 사실을 발견하였다. 민주적 선택이 합리적 결과를 가져올 수 없다는 것이다. 오직 독재자의 의사대로 처리할 때만 가능하다는 것이다.

예를 들면, 과장 마음대로 식당을 정하는 것이다. 이를 '애로의 불가능성 정리impossibility theorem'라고 한다. 모든 투표절차는 투표자의 선호와 관계없이 자의적 결과를 가져올 수 있다. 투표절차에 따라 서로 다른 결과가 나타날 수 있다. 그렇다면 민주주의는 비합리적인가? 그래서 다수결이 최선의 선택이라는 맹목적 믿음을 버려야 한다.

10

무엇이 공평한가

예수는 노동자

엿새 동안 일하고

하루는 쉬는

우리와 꼭 같은 노동자

예수는 맨발의 청춘

빈손 들고 뛰는

찢어지게 가난한 노동자였다.

아버지를 잘 따르던 예수는

어려서부터

손바닥에 못이 박히도록

가난한 기업인 목수 일을 했다.

때로는 터무니없게

세금을 매기는 바리새인이나

로마의 깡패 가이사 것들을 향하여

두 주먹을 부르르 떨기도 했지만

그들을 미워하는 것은

바윗돌에 계란 던지기

차라리 원수를

사랑하기로 했다……

(후략)

– 정대구, 〈인간 예수〉

인간 예수도 '터무니없게 세금을 매기는 바리새인'에게 흥분할 수밖에 없었다. 실제로 가렴주구苛斂誅求의 행패는 동서고금을 막론하고 뿌리가 깊다. 가혹하게 세금을 거뒀던 역사의 유산에서 자유로운 나라가 어디 있겠는가. 신사의 나라 영국마저도 식민지 미국에 혹독한 세금을 부과해 '보스턴 차 사건'이 터지지 않았는가.

어떻게 모든 백성이 만족하도록 세금을 부과할 수 있겠는가. 대답이 있다면 "당신에게 세금을 물리지 말고 내게도 물리지 말고 저 나무 뒤에 숨은 사람에게만 물리시오."(러셀 롱)

과연 세금은 어떻게 부과돼야 가장 '바람직'할까? 아니면 무엇이 '공평한 기준'일까? 첫째, '쓰는 만큼' 내야 한다는 것이다. 정부가 제공하는 서비스를 활용하는 정도에 따라 세금을 부과하자는 원칙이다. 예를 들어, 도로 건설의 재원으로 사용되는 휘발유세는 도로를 많이 활용하는 사람들이 더 많이 내야 한다. 경찰의 방범 서비스도, 공항과 항만의 서비스도 모두 마찬가지다. 많이 쓰는 사람이 더 많이 내야 한다면 부자가 더 내야 한다는 주장을 뒷받침한다. 이것을 '조세의 편익원칙'이라 한다.

둘째, '능력껏' 내야 한다는 주장이다. 세금 부담 능력에 따라 세금 규모를 결정하는 것이다. 물론 저소득층의 20만 원은 고소득층의 100만 원보다 더 큰 희생이 될 수도 있다. 따라서 능력에 따라 세금이 달라져야 공평성이 확보된다고 본다. 능력 있는 사람이 더 많은 세금을 내야 한다는 '수직적 공평성'이 확보돼야 한다.

어떻게 이 원칙을 적용할 수 있을까? 예를 들어, 모든 소득에 일정 비율을 곱해 세금을 내는 비례세를 생각해보자. 능력 있는 사람이 더 많이 내므로 수직적 공평성이 확보되는 셈이다.

그러나 과연 모든 사람이 이 제도에 만족할까? 능력 있는 사람은 그보다 더 많이 내야 한다는 여론이 많다. 그래서 소득이 올라갈수록 세율이 높아지는 누진세가 등장했다. 고소득층의 숫자가 적으므로, 여론은 항상 누진세를 지지한다. 그렇다면 얼마나 가파르게 올라가야 하는가? 사람마다 대답이 다르리라.

사실은 소득이 올라갈수록 세율이 낮아져도 수직적 공평성이 만족된다. 100만 원 소득에 10퍼센트를 부과하고 1,000만 원 소득에 8퍼센트를 부과해도 실제 내는 세금은 고소득자가 8배나 더 많이 낸다. 이것은 소득이 높아질수록 세율이 낮아지는 '역진세'라 한다. 그러나 누진세에도 만족하지 않는데 어떻게 역진세가 도입될 수 있겠는가.

　수평적 공평성의 적용도 만만치 않다. 소득은 동일한데 '갑'은 노부부를 모시고 있어 의료비 지출이 많다. 하지만 '을'은 혼자서 지내며 별 탈이 없다고 하자. 이런 문제를 해결하려고 부양가족과 의료비 공제가 등장한다. 얼마를 빼주는 것이 가장 공평할까? 공평성의 해답은 경제 논리로 찾기 어렵다. 모든 사람이 너도 나도 아닌 다른 사람들이 더 많이 내주기를 바라고 있기 때문이다.

11

세금은 누가 내는가

"계약 당시보다 양도세가 올랐으니 다시 좀 생각을 해야 할 것 같습니다." "그게 무슨 상관입니까? 양도세야 당연히 매도자에게 부과되는 세금인데……." "그래도 세금부담이 너무 많습니다. 차라리 계약을 취소하는 게 나을 것 같네요."

부동산 중개업자가 안달이 난다.

"그거야 원래 주인이 내는 것입니다만, 상황이 바뀌었으니 조금씩 서로 양보를 하시지요." "세금을 모두 안고 사도 이보다 좋은 매물을 어디서 구하겠습니까?"

매수인은 이제 그 집을 사자니 꼼짝없이 양도세를 일부라도 부담해야 할 지경이다. 부동산 투기를 억제한다더니 또다시 서민들 부담만 늘려주는 꼴이다. 어떻게 해야 하나. 내가 세금을 부담하기에는 너무 억울하다. 그렇다고 포기할 수도 없고…….

세금의 전가가 나타나는 현장이다. 일부는 계약을 포기하기도 할 것이고 세금을 적절히 분배하는 조건으로 합의될 수도 있겠다. 양도자에게 부과한 세금을 매수인이 부담해야 한다니 그 세금이 원통스럽기 그지없지만 그래도 어찌할 수가 없다. 이것이 엄연한 현실인 것을……

이 과정에서 "끝까지 세금을 조금도 부담할 수 없다"고 주장하는 매수자(A)의 태도를 경제학적으로 분석해보자. 종전보다 가격이 조금이라도 높다면 사지 않겠다는 생각이다. 반대로 양도세를 모두 자신이 부담하면서도 꼭 그 집을 사겠다는 사람(B)은 어떠한가. 가격이 아무리 올라도 꼭 원하는 재화를 매수하겠다는 것이다.

이런 현상은 매수자가 가격변화에 얼마나 민감하게 반응하느냐로 설명할 수 있다. A는 가격이 약간만 변해도 수요가 크게 흔들리는 수요자이다. 반대로 B는 가격반응에 둔감한 수요자다. 가격이 1퍼센트 올라갈 때 수요가 얼마나 많이 변화하는지를 나타내는 지표를 경제학에서는 '수요의 가격탄력성'이라고 부른다. 예를 들어, 수요가 1퍼센트 이상 감소한다면 수요가 탄력적이라고 말하고 1퍼센트보다 적게 변동할 때는 수요가 비탄력적이라고 한다. B처럼 가격이 아무리 올라가도 수요가 전혀 움직이지 않을 때에는 수요가 완전비탄력적이라고 한다. 같은 집이라 해도 A의 수요는 상당히 탄력적이고 B의 경우에는 거의 움직이지 않는 것이다.

세금의 전가는 수요의 탄력성과 밀접한 관련이 있다. 비탄력적인 재화에 대해 세금을 부과하면 그 세금은 거의 모두 매수자가 부담할 수밖에 없다. 물론 세무당국은 판매자로부터 세금을 거둬들이지만, 결국은 소비자에게 전가하는 것이다. 그렇다면 어떤 상품의 수요가 비탄력적인 가? 가격이 아무리 올라도 소비를 줄일 수가 없는 생활필수품은 수요가 비탄력적이다. 반면 사치품은 가격이 올라가면 소비를 줄일 수 있기 때 문에 탄력적이다.

유류제품에 대한 세금 부과 역시 종별에 따라 세금을 부담하는 주체 가 약간씩 달라진다. 생업의 수단으로 휘발유를 사야 하는 영세상인은 세금의 전가가 많다. 이 계층에서는 수요가 비탄력적이기 때문이다. 그 러나 적절히 소비를 줄일 수 있는 계층에는 세금의 전가 비율이 높지 않 게 된다. 이번에는 수요가 탄력적이기 때문이다. 따라서 누가 사느냐를 구체적으로 고려하지 않고 일률적으로 부과하는 세금은 오히려 저소득 층이나 중소기업에 더 큰 부담이 될 수도 있다.

반대로 세금을 내리는 효과를 생각해보자. 이 역시 제품과 소비자의 특성에 따라 다르게 나타난다. 사치품에 대한 세금인하의 혜택은 수요 를 크게 늘려줄 수 있다. 왜냐하면 수요가 탄력적이므로 가격 인하에 민 감하게 반응하기 때문이다. 그러나 생필품의 세금을 낮추면 수요가 얼 마나 많이 늘어나겠는가.

복덕방의 논쟁도 수요의 탄력성으로 해결해야 한다. 탄력성의 정도에 따라서 매매 쌍방의 분담비율을 결정해주는 중개사가 필요한 것이다. 세금은 항상 누군가에게 전가되는 특성이 있다.

12

마음을 움직이는 세금

2003년 초 막을 내린 세계 프로테니스 대회에서는 한 쌍의 연인이 남녀대회를 모두 석권하여 화제를 모았다. 벨기에 소녀 킴 클레이스터르스가 여자프로테니스투어WTA서 우승했고 뒤를 이어 그녀의 연인인 레이튼 휴잇이 남자프로테니스ATP의 대미를 장식한 것이다. 사실 2년 연속 세계 랭킹 1위에 오른 휴잇의 승리는 어쩌면 당연한 것이었다. 그러나 클레이스터르스의 우승 소식과 더불어 "국적을 호주로 바꾸겠다"는 그녀의 깜짝 선언은 세상을 또 한 번 놀라게 했다.

클레이스터르스는 2003년 170만 달러의 상금을 받았지만, 상금의 60퍼센트 이상을 세금으로 내야만 한다. 이것은 프로 축구에만 감세 혜택을 주고 테니스에는 인색한 벨기에 세제가 형평에도 맞지 않는다. 게다가 연인인 휴잇과 더불어 호주에서 대부분을 지내고 있으니 호주로 옮기면 금상첨화가 아닌가. 물론 호주 정부의 집요한 설득도 주효했으리

라. 유명선수를 자국민으로 귀화시켜 세계적인 홍보거리를 만들고 조세 수입도 늘릴 수 있기 때문이다.

세상에 세금을 많이 내고 싶어 하는 사람이 어디 있겠는가. 세금에서 해방된다면, 국적이라도 바꾸겠다는 사람이 어찌 클레이스터르스뿐이겠는가. 실제로 글로벌 경제에서는 조세 천국으로 외국 기업을 유혹하고 있는 나라도 많다. 자국민에게 세금감면을 시행하는 나라도 많다. 과연 세금은 적게 거둘수록 좋은 것일까? 재정지출과 세금감면 중 어떤 정책이 더 효과적일까?

경기가 침체되면 시장에는 공급이 수요보다 많은 현상이 나타난다. 기업에서 생산된 재화가 제대로 팔리지 않는 것이다. 이런 상황에서는 경기부양을 위해 재정지출을 늘리거나 세금을 감면시키는 정책을 채택할 수 있다. 특히 금리가 너무 낮아 금융정책의 효과가 미진할 때는 재정정책의 중요성이 커진다. 세금감면과 재정지출의 증가규모가 같다면 정책효과 역시 같다는 주장도 있다. 그러나 사실은 그렇지 않다. 적어도 몇 가지 관점에서 큰 차이가 난다.

우선, 소비자에 대한 세금감면은 재정지출보다 훨씬 빨리 파급효과가 나타난다. 정부 지출은 여러 정치과정을 거쳐 시행되지만 세금감면의 효과는 그렇지 않다. 늘어난 소득이 한계소비성향에 따라 바로 시장에서 지출된다. 세금이 감면될 것이라는 뉴스만으로도 소비증대 효과가 나타날 수 있다. 미래의 기대소득도 현재 소비에 영향을 주기 때문이다.

반대로 정부지출은 예산편성의 과정을 거쳐야만 한다. 정치적 이해관계에 따라 지출의 우선순위가 결정되므로, 경제에 미치는 파급효과가 많이 줄어들 수 있다. 경제보다도 표를 먼저 고려하는 정치인의 입김이 작용하기 때문이다. 정부를 통해 이루어지는 재정지출의 비효율성도 지적한다.

이런 이유로 정부가 세금을 거두어서 지출하게 하는 것보다 차라리 소비자가 그 세금을 쓰게 하라는 것이다. 예를 들어, 정부가 1천억 원의 재정지출을 확대하는 것보다 차라리 그만큼 세금을 감면하는 것이 더 효과적으로 경기를 부양시킨다. 세금을 적게 부과하여 클레이스터르스 같은 선수를 많이 유치하는 정부가 더 효율적이라는 얘기가 된다.

소비자들에게는 즐거움을 주고 관료들은 싫어할 소리다. 그렇다고 관료들이여, 너무 비관하지는 말자. 세금감면으로 경제가 좋아진다면, 오히려 전체 세금은 더 걷히지 않겠는가. 세율을 낮추어도 전체 소득이 증가하면 세수는 당연히 늘어날 수 있다. 세율을 낮추어 클레이스터르스를 유치한다고 크게 걱정할 필요는 없다. 설마 모든 세금을 폐지하자고 하겠는가.

13

세금감면이 소비를 늘릴까

    은행 간부로 촉망받던 앤디 듀프레인(팀 로빈스 역)은 어느 날 갑자기 살인범으로 전락한다. 아내와 그녀의 정부를 살해했다는 죄명이다. 누명이었지만, 증언과 살해현장의 어설픈 증거물 때문에 종신형을 선고받고 만다. 기구한 운명을 어떻게 하나……

    누구도 살아남기 힘들다는 흉악범들의 교도소 '쇼생크'로 수감된다. 교도소 생활은 이루 형언할 수 없다. 인간 말종 쓰레기들만 모인 그곳, 차라리 짐승이라면 마음 편하리라. 무식한 간수 눈에 잘못 보였다가는 개죽음 당하기에 십상이고 악질 동료 죄수들에게 걸리면 강간당하기도 한다.

    그래도 은행원이었던 게 얼마나 다행인가. 앤디는 간수의 세금을 면제받게 해주는 덕분에 일약 교도소의 비공인 회계사로 차출된다. 해마다 소장과 간수들의 연말정산을 도와주며 세금감면은 물론 자산관리까지 해준다. 앤디는 편안한 교도소 생활을 즐기지만 그의 꿈은 살인 누명을 벗고 자유인이 되는 것 아니겠는가. 드디어 꿈은 이루어져 천신만고 끝에 20년 동안 준비한 '쇼생크 탈출'에 성공한다.

교도소 생활의 처참함과 탈출과정의 긴박감과 비리와 배반을 일삼는 군상을 생생하게 그린 〈쇼생크 탈출〉이다. 주인공 앤디는 결국 세금을 깎아주는 기술 때문에 인생의 극적인 전환기를 만든 셈이다. 남의 세금을 감면해준 노고로 자신의 운명을 바꿨지만, 과연 앤디의 세금감면은 국민경제에 얼마나 이바지했을까. 이런 생각을 하면 영화가 얼마나 재미없을까. 그래도 한 번쯤 영화 속에 나오는 경제학의 진실을 음미해보자.

불법적인 세금감면은 당연히 범죄행위이다. 하지만 경제에는 어떤 효과가 있을까? 국가나 가계나 모두 국민경제를 구성하는 한 주체이기 때문에 그 돈을 누가 쓰든 아무런 차이가 없을까. 조금 정확하게 분석하면 반드시 그렇지는 않다. 개인이 세금을 적게 내면 국가의 재정 수입이 줄어든다. 반대로 각 가계에서 사용할 수 있는 가처분소득은 증가하게 된다. 예를 들어, 100만 원의 세금감면을 생각해보자. 100만 원을 누가 더 효율적으로 사용하는지가 문제가 되는 셈이다. 정부가 모아서 사용하는 것이 더 바람직한가? 아니면 각 가계에서 자유롭게 쓸 수 있도록 해야 하는가?

여러 상황에 따라 답은 약간씩 달라질 수 있다. 그래서 한 가지 가정을 더 붙여보자. 현재의 경제상태가 경기침체기라서 수요를 증진시키는 정책이 필요하다고 하자. 이렇게 되면 문제가 간단해진다. 세금이 감면된 100만 원 중 가계에서는 얼마를 소비지출로 쓰는지를 비교하면 된다. 만약 세금으로 거두어갔을 때는 재정지출로 얼마를 쓸 수 있는지를 비교하면 된다. 정부와 가계의 씀씀이가 동일하다면 경제에 미치는 효과는 아무런 차이가 없는 셈이다. 그러나 실제로는 차이가 있게 마련이다. 우선 용도가 다르니 같은 지출액수라 해도 경제에 미치는 효과가 달리 나타난다. 또한 씀씀이가 다를 수도 있다.

여기에서 자신의 소득(수입) 중 얼마를 쓰는지를 나타내는 지표를 평균소비성향이라고 한다. 이것은 바로 소비/소득의 비율이 되는 셈이다. 전체 4,000만 원의 소득 중 3,000만 원을 소비로 지출한다면, 평균 소비성향은 0.75가 된다. 또한 소득이 추가로 늘었을 때 소비가 얼마나 더 증가하는지는 한계소비성향이라고 한다. 그러니까 세금감면으로 소득이 100만 원 늘었다고 하자. 그중 70만 원을 쓴다면 한계소비성향은 0.7이 되는 셈이다. 세금감면의 효과를 비교하는 첫 출발은 바로 정부와 가계의 소비성향을 이해하는 것이다. 과연 경기가 침체하면 세금을 감면하는 것이 항상 바람직할까?

국가
경제학

1

작은 것의 미학

작은 고추가 더 맵고 작은 것이 더 아름답다고 한다. 실제로 멋없이 큰 것보다 작고 아담한 것이 얼마나 더 아름다운가. 그런데 과연 기업의 세계에서도 작은 것이 아름다울까? 물론 기업의 평가기준은 미美나 추醜와는 거리가 멀다. 작은 것이 아름답다는 표현은 문학이나 예술의 세계에서나 통용되는 것인지도 모르겠다. 기업이 아름다워야 얼마나 아름답겠는가. 또한 예쁘다고 우량한 기업이 되는 것도 아닐 테니 말이다.

그러나 역설적으로 기업에서도 '작은 것이 아름답다'고 설파한 경제사상가가 있다. 반대로 '큰 것'을 향하여 끝없이 규모를 늘리는 경영자도 많다. 어느 것이 옳은가? 기업은 왜 규모를 확장하려고만 하는가. 기업규모는 어떤 수준이 가장 바람직한 것일까. 기업의 적정한 규모를 결정하는데도 무언가 이론적인 기초가 있어야 하지 않겠는가.

실제로 《작은 것이 아름답다》로 널리 알려진 경제사상가 에른스트 슈

마허의 작품이었다. 그는 현대문명을 뒷받침하고 있는 제조업 중심의 산업구조는 대규모 조직을 무조건 선호하며 성장일변도의 전략을 추구한다고 비판했다. 이것은 자원과 인력의 낭비를 가져와 결국은 성장의 한계를 불러온다는 것이다.

따라서 대기업보다는 작은 '중간조직'을 통해 자본주의에 속박된 인간을 제대로 활용하고 사람이 중심이 되는 경제체제를 만들 수 있다는 것이다. 대량생산과 자동화에 노예처럼 속박된 '사람'의 모습을 본다면 너무나 인간적이고 당연한 고언 아니겠는가. 그러나 기업은 역시 조직을 늘리며 대형화를 선호하는 특성이 있다. 기업규모가 때로 성공의 상징으로 비치기 때문일까?

적정한 기업규모는 소비자보다는 생산자 쪽에서 먼저 결정된다. 기업이 제품을 가장 효율적으로 생산할 수 있는 규모를 유지해야 하기 때문이다. 예를 들어 성냥을 만드는 기업을 생각해보자. 하루에 몇 갑을 만드는 수준이 가장 적정할까? 생산량을 차례대로 늘리면서 한 단위 생산에 드는 평균비용을 계산해보자. 1갑, 2갑, 3갑……. 이렇게 생산량이 늘어남에 따라 처음에는 생산의 평균 비용이 하락한다. 그러다가 200갑을 만들 때 평균비용이 가장 낮아지고 201갑부터는 다시 상승한다고 하자. 그렇다면 당연히 200갑을 생산하는 조직이 가장 효율적이다. 200갑에서 평균비용이 최소화되므로 더는 규모를 늘려서는 안 된다.

이처럼 가장 저렴한 비용에서 생산되는 규모를 '최소효율규모(MES: Minimum Efficient Scale)'라고 한다. 다시 말하면, 이 수준에서는 비록 규모가 작더라도 생산비가 낮아서 버텨낼 수 있는 것이다. 시장에서 하루에 팔릴 수 있는 규모가 1만 개라면 200개를 생산하는 50개 기업이 생존할 수 있는 셈이다. 따라서 이 산업에서는 200개만을 생산하는 50개의 중소기업이 생존할 수 있다. 전체 시장규모(1만 개)를 최소효율규모(200개)로 나누면 적정한 기업의 숫자가 나온다. 자상면 집은 많은데 철강공장은 적은 이유가 바로 여기에 있다.

물론 자동차와 같이 엄청난 자본투자가 필요한 산업에서는 MES가 상당히 커질 수 있다. 시장의 크기는 200만 대인데 최소비용으로 생산할 수 있는 규모가 50만 대라면 4개 기업이 가장 적정하다. 물론 실제 시장에서는 3개나 5개가 치열한 경쟁을 할 때도 있다.

비록 작은 것이 아름답다지만, 작다고 모두 성공하는 것은 아니다. 그렇다고 크다고 반드시 좋은 것도 아니다. 그 많은 구멍가게는 작아도 잘 버텨내지만, 반도체 기업은 덩치가 커도 살아남기가 얼마나 힘겨운가. 산업에 따라 작은 것이 효율적일 수 있고, 대기업도 덩치 값을 할 때가 있다.

2

미키 마우스의 탄생

　‘미키 마우스’를 만들어낸 월트 디즈니는 1901년 시카고에서 목수의 넷째 아들로 태어났다. 그가 처음 설립한 스튜디오는 초라하게도 자기 집 차고였다. 그것도 아버지에게 월 5달러의 임대료를 주고 계약한 것이었다. 그곳에서 ‘활동사진’에 만화를 담는 벤처를 출범시킨다. 그러나 만화 몇 장으로 생계를 유지하려는 꿈은 결코 쉬운 일이 아니었다.

　월터는 이곳저곳으로 무대를 옮기며 실패를 거듭하다가 골드 러시의 행렬을 따라 캘리포니아로 옮겨간다. 그곳에서 온 가족이 힘을 모아 ‘만화 공장’을 출범시켰다. 바로 ‘디즈니 형제 스튜디오Disney Brothers Studio’였다. 형 로이가 200달러, 부모가 집을 저당 잡혀 2,500달러, 삼촌이 500달러를 빌려줘 창업한 것이다. 1923년이다. 그의 나이 22세 때의 일이다. 그 스튜디오에서 탄생시킨 캐릭터가 바로 ‘미키 마우스’이다.

　오늘날의 월트 디즈니는 더는 설명이 필요 없다. 우리 모두 〈인어 공주〉나 〈라이언 킹〉 하나쯤은 본 적이 있지 않은가. ABC 방송사에서부터 영화와 캐릭터 산업에 이르기까지 이제 연 매출액이 380억 달러를 넘어서는 대기업으로 성장했다. 만화 한 장도 활동사진에 담을 수 있다는 벤처 정신이 만들어낸 성공작이다.

물론 그의 성공에는 예기치 않은 우연과 행운도 뒤따랐다. '미키 마우스'라는 이름은 함께 일했던 부인 릴리언이 지은 것이다. 월터는 처음 남자 이름인 모티머Mortimer를 고집했다고 한다. 월터는 한 때 스타의 꿈을 안고 서부영화의 엑스트라 일자리를 얻기도 했다. 그러나 하필이면 첫날 비가 와버려 촬영하지 못했다. 날씨가 맑았다면 스타 월터가 탄생했을지 모른다.

용감한 형제가 만들어낸 대기업이 어찌 월트 디즈니뿐이겠는가. 가족끼리 생계유지 수단으로 시작한 사업이 성장한 사례는 많다. 재벌의 창업자도 대부분 '무'에서 '유'를 창조한 사람들이다. 작은 규모로부터 자수성가한 기업인도 너무나 많다. 실제로 대부분 기업은 가까운 친지끼리 운영하는 비공식 조직으로 출발한다. 아버지가 사장이고 엄마가 총무과장이 되는 것이다. 사업이 잘되면 비공식 조직에서 중소기업으로 규모를 늘려나간다. 그리고 중소기업이 성장하면 또다시 규모를 늘려 대기업으로 발전하는 것이다.

경제발전의 정도에 따라 기업규모의 패턴도 달라진다. 저개발국에서는 비공식 조직이 가장 많다. 산업화가 이루어짐에 따라 중소기업이 점점 많아지며 대기업의 비중도 더 커지는 패턴을 보인다. 통계적 분석에 따르면 1인당 소득이 2,000달러 이하의 저개발 경제에서는 비공식 조직이 압도적으로 많다. 반대로 선진 경제에서는 대기업의 비중과 규모가 더욱 커진다. 최근에는 세계화 현상에 따라 세계적인 대기업의 규모가 종전보다 훨씬 커지는 경향을 나타내고 있다.

그렇다고 작은 기업이 모두 큰 기업으로 성장하는 것은 아니다. 때로는 그런 변화가 바람직하지 못할 때도 있다. 기업이 적정수준 이상으로 비대해지면 효율성이 떨어질 수밖에 없기 때문이다. 이때 가장 대표적인 요인은 바로 기업가의 능력이다.

아무리 유능한 사람이라도 자신이 효율적으로 관리할 수 있는 능력에는 한계가 있지 않겠는가. 이것을 올리버 윌리엄슨은 '합리성의 제약 bounded rationality'이라고 말한다. 규모가 커지면 조직 내부에서 정보유통의 효율성이 떨어지는 현상도 나타난다. 따라서 성공하는 기업도 결코 무한히 커질 수는 없다. 도가 지나치면 오히려 화를 당할 수 있다. 행운이 함께할 때도 적정한 관리능력을 잃지 말자.

3
규모의 비경제

어느 날 조수아는 카니발에서 여학생에게 퇴짜를 당한다. 이유가 더욱 치욕적이다. 작고 어리기 때문이라는 것이다. 우연히 소원을 들어준다는 '졸타'라는 기계를 만난 조수아는 장난 반 기대 반으로 큰 어른이 되게 해달라고 빌어본다.

다음 날, 아뿔싸, 조수아는 30세의 어른으로 변해버린다. 크다는 것은 기쁨일까, 고통일까. 어머니는 갑자기 커버린 아들을 강간범으로 오인한다. 조수아는 어쩔 수 없이 가출해 이곳저곳을 전전하다 장난감 회사에 자리 잡는다. 덩치만 커버린 어린 마음이 그래도 장난감을 만드는 데는 상당히 유용했던 것이다.

어른이 되면 무엇이든 할 수 있다고 믿었던 어린 소년이 갑자기 커지면서 겪는 갖가지 일화를 보여주는 톰 행크스 주연의 영화 〈빅Big〉의 내용이다. 12세의 소년이 갑자기 35세의 어른으로 커버리면 얼마나 많은 것들이 달라지겠는가. 그래도 조수아는 큰 것의 기쁨보다 작았던 시절의 향수 때문에 결국은 어린 시절로 다시 돌아가려고 한다. 역시 덩치보다는 마음이 사람을 움직이는 모양이다.

소년 조수아와 같은 바람을 가진 기업인들이 많다. 작은 기업에서 큰 기업으로 발전하고 싶어 하는 것이다. 조수아가 빌었던 그 기계가 있다면 많은 기업인이 복채를 들고 줄을 서지 않을까. 그러면 무엇이 그토록 크고 싶어지는 유혹을 만드는 것일까. 조수아처럼 여기저기서 대접을 받지 못해서인가?

기업규모가 커지면 적어도 어느 정도 수준까지는 경제적 이익이 발생한다. 커지고 싶은 가장 큰 유혹은 여기에서 비롯된다. 우선은 비용 면에서 효율이 올라간다. 예를 들어 TV를 생산하는 경우를 보자. 100대에서 120대, 200대로 점차 생산을 증가시킬 때마다 1대당 생산비는 감소한다. 생산규모를 늘리면서 비용이 절약되는 효과 때문이다. 이것을 '규모의 경제economies of scale'라고 말한다. 규모를 증대시킴에 따라 이익이 발생하는 경우다.

규모의 경제가 나타나면 기업은 당연히 비용이 절감되는 혜택을 본다. 100대를 생산할 때보다 300대를 생산하는 기업이 더 낮은 비용으로 TV를 생산한다. 따라서 시장경쟁에서도 큰 기업이 비용 면에서 우위를 누린다. 같은 시장 가격에서도 큰 기업이 더 저렴하게 생산해 더 많은 이윤을 얻을 수 있다. 따라서 규모의 경제가 기업규모를 늘리는 가장 큰 동기가 된다. 조수아에게는 여학생이 큰 자극이 되었지만 기업에는 역시 이윤이 가장 큰 유혹이다.

그렇다고 생산시설을 늘릴 때 언제까지나 생산비의 절감 효과가 나타나는 것은 아니다. 일정 수준 이상이 되어 기업이 감당하기 어렵게 되면 조수아와 같은 비극이 시작된다. 적게 생산할 때보다 오히려 평균비용이 더 많이 소요되는 상태로 발전하는 것이다. 예를 들어, 300대를 생산할 때는 평균단가가 800만 원이었는데 310대로 늘리니 850만 원이 소요되는 경우다.

이렇게 되면 규모를 늘려감에 따라 비용이 더 증가하는 현상이 나타난다. 이른바 규모의 비경제diseconomies of scale가 발생하는 것이다. 크기 때문에 오히려 더 효율이 떨어지는 셈이다. 규모를 확대하는 것이 항상 최선의 전략이 되는 것은 아니다. 이 경우에는 오히려 규모를 줄이거나 분사를 해야만 한다. 효율적인 생산규모로 구조조정을 해야만 살아남을 수 있다.

크면 항상 좋을 것 같지만 규모를 늘린다고 반드시 평균비용도 감소하는 것은 아니다. 덩치가 커도 적당히 커야 하지, 일정수준이 넘어서면 오히려 효율이 더 떨어진다. 따라서 어느 시점에서는 조수아처럼 작은 시절로 되돌아가는 지혜도 알아야 한다.

4

기업 규모와 시장 지배력

세계에서 가장 큰 기업의 규모는 얼마나 될까? 그런 대기업은 과연 국민경제에 어떤 영향을 미칠까? 단지 기업이 크다는 이유로 비난받아야 하는가. 우리나라에서는 아직도 재벌과 대기업에 대한 부정적 정서가 많다. 그러나 비난에 앞서 기업규모가 경제에 미치는 영향을 먼저 분석하는 것이 좋을 것 같다.

2010년도 세계에서 가장 큰 기업은 매출실적으로 보면 월마트였다. 무려 4,218억 달러의 실적을 올렸고 그 뒤를 로열더치셸이 3,691억 달러와 엑손모빌이 3,416억 달러의 실적을 올렸다. 위 세 기업의 실적을 합하면 우리나라의 총생산량인 약 9,800억 달러보다도 훨씬 많다.

우리 기업은 어디에 서 있는가? 《포천》지가 선정한 세계 500대 기업에는 미국 139개 사, 일본 71개 사, 중국 46개 사 등 전 세계 대표적인 기업이 포함되어 있다. 그러나 한국 기업은 고작 10개 사에 불과하며 그

나마 50위권 안에 드는 기업은 삼성전자 하나뿐이다. 최대기업이 이 정도이니 세계 속의 우리 '대기업'은 아직은 초라하기 그지없다.

기업규모가 커지면 무엇이 문제가 되는가? 물론 생산량이 많아지고 고용규모가 더 커지는 것은 긍정적인 기여이다. 기업은 당연히 규모를 늘리면서 여러 방법으로 단위당 생산비용을 줄이려 한다. 따라서 경쟁력을 높이는 수단의 하나가 바로 규모의 확장이다. 규모를 증가시킴에 따라 평균생산비용이 하락하는 것을 규모의 경제라고 했다. 규모의 경제가 발생하면 생산용량이 많은 기업이 경쟁에서 우위에 서게 된다.

1만 개를 생산하는 기업이 5,000개를 공급하는 기업보다 생산원가가 낮다면 시장은 결국 대기업이 지배하게 된다. 또한 규모가 큰 기업이 시장에 미치는 영향력도 크게 된다. 기업이 시장에 미치는 영향력을 '시장 지배력market power'이라고 한다. 그러니까 규모의 확장은 시장 지배력을 확보하기 위한 수단이 되는 셈이다. 물론 생산량을 무한히 늘릴수록 생산비가 지속해서 줄어드는 것은 아니다. 일정 수준이 넘으면 규모가 오히려 부담될 수도 있다.

또한 시장 지배력이 향상되면 소비자에게 피해를 줄 수 있다. 인위적으로 가격을 올리거나 물량을 조절하고 소비자에게 불리한 조건의 거래를 강요할 수도 있다. 특정 물건을 끼워서 판매할 수도 있고 신규기업의 진입을 의도적으로 방해할 수도 있다. 공정한 경쟁을 방해할 가능성이 높아지는 것이다. 그렇게 되면 소비자의 보호와 공정한 경쟁을 위한 정부규제의 필요성이 등장한다. 그러나 시장경쟁이 치열하고 소비자에게 불공정한 거래를 강요하지 않는 한 대기업을 규제할 명분은 없다.

독점에 대한 규제가 가장 엄격한 미국에서도 이런 논리는 마찬가지다. 엑손모빌도 1882년 록펠러에 의해서 스탠더드 오일로 설립된 후, 사세를 확장하다가 1911에는 대법원에 의해 34개 회사로 분할명령을 받은 바 있다. 벨이라는 이름으로 유명한 통신회사인 AT&T도 1984년 분할명령을 받아 8개로 분사된 적이 있다. 마이크로소프트도 최근 분사의 위기에서 벗어나지 않았는가. 모두 시장 지배력을 규제한 사례이며 기업규모 자체를 억제한 정책은 아니었다.

기업을 단지 규모가 크다는 이유 하나만으로 규제하는 것은 바람직한 접근이 아니다. 우리 기업도 외국의 초거대기업과 국내외에서 경쟁해야 하는 숙명적인 처지에 놓여 있지 않은가. 차라리 분할명령을 받을 만한 기업이라도 있으면 좋으련만.

5

작은 규모의 효율성

그리스 사람 탈레스는 어느 날 호박을 가지고 장난을 하다 우연히 신기한 사실을 발견하였다. 장신용으로 많이 활용되던 호박을 모피에 비벼대자 이상한 기운이 나타나며 옷과 종이 등 가벼운 물건을 끌어당기는 것이었다. 죽은 광물로만 보였던 호박이 마치 살아 있는 생명체처럼 어떤 힘을 만들어 주변을 끌어들였던 것이다. 이것이 전기에 대한 최초의 발견이라고 한다. 무려 BC 600년경의 일이다. 당시 호박은 그리스어로 '엘렉트론elektron'이었다. 오늘날 전기electricity의 어원이 되었다.

당시에 탈레스는 물론 전기와 자기의 차이도 구별하지 못했다. 16세기에 엘리자베스 여왕의 시의였던 길버트가 마찰전기와 자기를 본격적으로 연구하였다. 프랑스 학자 뒤페가 전기에도 음과 양이 있다는 중요한 사실을 발견했다고 한다. 전기현상이 점차 신비의 베일을 벗으면서 에디슨은 1879년 전구를 개발했다. 이때부터 전기는 인류에 가장 필수적인 문명의 이기로 자리 잡았다. 오늘 하루 전기 없는 생활을 생각해보자. 당장 세상이 얼마나 깜깜하겠는가.

한국전력의 자료를 보면 현재 전등용 전기를 공급받는 가구는 1,383만 호에 달한다. 기업이나 농업에 주로 쓰이는 동력용 전기의 수요도 427만 호를 넘고 있다. 전국 방방곡곡에 전기가 들어가지 않는 가구가 없는 셈이다. 가구 수 통계는 실제로 전기계량기의 숫자로 구별된다고 한다. 한 집에 여러 가구가 사는 경우, 전기요금을 각기 계산하면 사용가구 수는 더 늘어난다. 누진제가 적용되는 우리 현실에서는 이런 현상이 나타날 수밖에 없다.

이제 한국전력이 전력을 공급하는 가구 수를 하나 늘린다고 가정해보자. 추가로 드는 비용은 얼마나 될까? 1,383만 호에 추가로 하나 더 공급하는 비용은 절대 많이 들지 않을 것이다. 이미 발전시설과 송배전망이 전국에 구축되어 있으니 이 비용은 무시할 수 있을 정도로 작다. 경제학에서는 한 단위 추가공급에 드는 비용을 한계비용이라고 했다.

한계비용이 지속해서 낮아지면 기업은 많이 공급할수록 유리한 입장에 놓이게 된다. 간단한 사례를 생각해보자. 100가구에 공급하는 데 드는 총비용이 1,000만 원이라고 하자. 이렇게 되면 한 가구 당 소요되는 평균비용은 10만 원이 된다. 이제 한 가구에 추가로 공급하는 데 들어가는 한계비용이 평균비용 10만 원보다 작은 9만 원이라고 하자. 그러면 101가구에 공급하는 총비용은 1,000만 원+9만 원이 되며, 평균비용은 1,009/101=9.99만 원이 된다. 100가구에 공급할 때보다 낮아진다. 한 가구 더 공급하여 경쟁력이 향상된 셈이다. 다시 말하면 공급량을 늘려서 규모의 경제가 발생한 것이다.

이런 현상이 지속되면 많이 공급할수록 더 유리한 상황이 전개된다. 400만 호에 공급하는 기업보다 1,000만 호에 공급하는 대기업의 평균 비용이 훨씬 더 낮아지는 것이다. 이런 상태를 그대로 놓아두면, 시장에서는 작은 규모의 기업이 살아남기 어려워진다. 따라서 많이 공급하는 대기업이 시장을 전부 차지하는 결과가 나타난다. 이를 '자연독점natural monopoly'이라고 한다.

자연독점은 전국적인 망이나 대규모의 설비투자가 필요한 전력, 통신, 철도 서비스 등에서 나타날 수 있다. 규모의 경제가 나타나서 공급을 늘릴수록 평균비용이 지속해서 떨어져야 하기 때문이다. 이것은 하나를 추가로 공급하는 한계비용이 평균비용보다 항상 낮아야만 가능하다.

그러나 작은 규모로 더 효율적인 공급을 할 수 있다면, 이런 현상은 나타나지 않는다. 최근 전력과 통신에서 자연독점이 무너지고 있는 것도 기술발전이 작은 규모의 효율성을 보장하기 때문이다. 그래서 작은 고추가 더 맵다고 하지 않았는가?

6

지브랏의 발견

　지브랏은 일찍이 미국 기업의 흥망사를 분석하며 신기한 사실을 발견하였다. 70년 이상 걸친 수천 개의 기업 자료에 의하면, 내일 얼마나 성장할 수 있는가 하는 기업의 운명은 오늘의 기업규모와는 관계없이 결정된다. 한마디로 잘 나가는 대기업과 규모가 작은 중소기업이 직면하는 생존의 확률은 모두 같다는 것이다. 이른바 지브랏의 법칙이다.

　얼마 전까지도 이 법칙은 한국에는 적용되지 않는 것 같았다. 쓰러져가는 대마大馬를 붙들기 위해 정부가 나서고 멀쩡한 계열 기업이 담보가 되었고 금융기관이 볼모가 되어왔다. 예외 없는 법칙이 없다고 하지만, 이제는 불행히도 이 예외에서 벗어나지 못하게 되었다. 30대 재벌이 지금 몇 개나 변변히 살아남았는가?

　현대건설이 그렇게 쉽게 벼랑에 떨어지는 것을 누가 예측할 수 있었겠는가. 실제로 1980년에서 2007년까지의 자료를 보면 30대 재벌 중

14개가 순위에서 탈락했다. 그중 10개 그룹은 해체되거나 다른 기업에 인수되는 비극을 맞았다.

그러나 이런 현상은 고도성장에 친숙했던 우리에게만 생소했을 뿐 이미 선진국에서는 보편화된 사실이었다. 지난 10년 동안 미국의 100대 기업에 신규로 진입한 기억이 213개나 되었고 수명은 평균 4.8년에 불과하였다. 경제의 글로벌화로 불확실성이 커졌다. 기업의 수명은 짧아지고 있으며 내일의 운명은 더욱 점치기 어렵게 되었다.

대기업이 사라져야 우리 경제가 활력을 찾을 수 있다고 믿는 사람은 쾌재를 부르겠지만, 이것은 기업 규모와 상관없이 나타나는 현상이다. 우리 힘으로는 도저히 거역할 수 없는 추세라서 경제 기반이 모두 무너질 수도 있는 잠재적 위협이 되는 셈이다. 이러한 불확실성 속에서 우리 경제는 아직도 어려운 고통에서 벗어나지 못하고 있다. 한때 한국을 대표한다던 현대그룹과 세계경영의 상징이라던 대우그룹은 이미 역사 속으로 사라지고 있다.

우리 경제는 아직도 IMF 외환위기 이후 투입된 막대한 공적자금의 부담에서 벗어나지 못한다. 해외의 경제 여건이 좋은 것도 아니다. 더욱 심각한 것은 이런 어려움이 언제까지 지속될지 아무도 예측할 수 없다는 사실이다. 이런 위기와 변화 속에서 우리 경제가 어떻게 살아남을 수 있을까?

우선, 기업의 흥망성쇠가 언제라도 달라질 수 있다는 사실을 자연스럽게 받아들여야 한다. 모든 경제 주체가 이런 변화를 수용할 수 있을 때 경제의 생존력은 오히려 더 강화된다.

따라서 일정 기간 한시적으로 구조조정을 완료하겠다거나, 쓰러져가는 대기업을 고용 불안이나 정치적 고려로 연명시키려는 발상도 버려야 한다. 구조조정은 일상적이고 지속해서 일어나는 현상이며 어려워지면 시장에서 자연스럽게 퇴출당하는 것이 사회적 비용을 최소화하는 길이다. 이런 사실을 인식하는 데 더는 학습비용을 지급해서는 안 될 것이다.

기업이 시장 환경에 신축적으로 적응할 수 있도록 유연성을 부여하는 것도 중요하다. 고용의 유연성은 물론이고 신규 투자와 퇴출에 이르기까지 신속히 적응할 수 있는 부드러운 환경이 만들어져야 한다. 수익성과 무관하게 기존 사업을 유지하는 경직적인 전략이나 구조조정을 거부하는 강경한 노사 대립은 결국 퇴출을 앞당길 뿐이다.

역설적으로 근로자가 원하는 고용의 창출은 신속한 구조조정을 통해 이루어질 수 있다는 사실을 받아들여야 한다. 특히 시장이 어려울수록 신속한 구조조정이 필요하다. 구조조정은 피할 수 없는 선택이지만, 실업은 피할 수도 있는 결과이다.

시장에 역행하는 기업 행태도 과감히 버려야 한다. 기업은 시장에서 살아 움직이는 생명체이다. 그 시장에서 버림받고서 어떻게 생존할 수 있단 말인가.

기업 규모가 커질수록 시장의 영향력은 당연히 증대된다. 정부의 정책도, 기업의 전략도, 노조의 투쟁도 모두 시장이 지켜보고 있다. 수없이 많은 사람이 소리 없이 바라보고 있다. 오늘 시장을 거스르는 선택은 내일 엄청난 사회적 비용을 유발하게 될 것이다.

경제의 위기는 항상 기회와 함께 온다. 수십 년 동안 성장한 우리 경제가 몇 년 동안 침체되는 것은 결코 특이한 현상이 아니다. 문제는 침체가 아니라 얼마나 더 많은 학습비용을 지급해야 생존의 지혜를 발견할 수 있는지다.

7

나는 고백한다

어느 날 로건 신부는 고해성사를 통해 켈러의 범행사실을 알게 된다. 성당의 사제관에서 일하던 켈러는 돈을 훔치러 변호사의 집에 침입했다가 우발적으로 살인을 저질렀던 것이다. 신부는 성직자의 윤리를 지키려고 노력하지만 현실은 전혀 엉뚱하게 뒤틀린다.

신부가 비밀을 지키려고 노력하면 할수록 오히려 경찰로부터 진범으로 오인을 받게 되는 것이다. 게다가 범인 켈러마저도 신부를 진범으로 몰기 위해 계략을 꾸민다. 이 궁지에서 벗어나려면 범인의 고해성사 내용을 폭로해야 한다. 그러나 그것 역시 신부로서 지켜야 할 원칙을 위반하는 것이니 누명에서 벗어나려는 로건의 갈등은 끝이 없다. 고백해야 하나, 아니면 덮어써야 하나?

앨프리드 히치콕이 연출하고 몽고메리 클리프트(로건 신부역)가 출연했던 영화 〈나는 고백한다〉의 줄거리다. 살인자의 고해성사를 들은 신부의 갈등이 사이코 스릴러의 영화 속에 인상적으로 그려져 있다. 신부의 갈등 못지않게 세상에는 말을 해야 할지, 말아야 할지를 고민해야 하는 경우가 많다. 비록 살인범처럼 무거운 누명을 쓰는 일이 아닐지라도 말 한마디의 고백 여부가 큰 차이를 가져오는 일이 얼마나 많은가. 게다가 어떤 상대방과 연루되어 서로 의존적인 행동이 나타날 때는 더욱 그러하다.

예를 들어 A와 B가 공모하여 어떤 일을 저질렀다고 가정하자. A와 B는 각각 다른 방에서 검사의 조사를 받는다. 범행 여부에 대한 확증이 부족한 상황에서 두 사람이 모두 끝까지 범죄사실을 부인한다면 사건은 영원히 미궁에 빠질 수도 있다. 그러나 어디 그게 쉬운 일인가. A가 입을 다물어도 다른 방의 B가 비밀을 지킨다는 확신이 서지 않는다. A만 침묵하고 B가 A에게 모든 누명을 씌울 수도 있지 않은가? 차라리 A가 먼저 고백하는 것이 나을지 모른다. 게다가 진실을 말하면 선처하겠다는 검사의 유혹(?)까지 있다면 마음은 더욱 연약해진다. 의리고 뭐고, A는 고백한다?

전형적인 죄수의 딜레마prisoner's dilemma이다. 각자가 어떻게 행동하느냐에 따라 네 가지의 경우를 생각할 수 있다. 두 사람 모두 부인한다면 무죄로 석방되고 반대로 모두 고백해버린다면 각각 5년형을 받게 된다고 하자. 또한 A만 자백하고 B는 부인한다면 A는 2년을 받고 B는 7년을 받는다고 하자. B가 고백하고 A만 부인한다면 그 반대의 형량이 선고될 것이다. 상대방을 얼마나 신뢰하고, 내가 어떤 행동을 하느냐에 따라 결과가 달라지는 것이다.

죄수의 딜레마는 경제학에서도 많이 응용된다. A와 B가 공범자가 아니고 치열하게 경쟁하는 두 기업이라고 해보자. 자백 여부는 바로 기업의 전략적인 변수다. 생산량을 늘릴 것이냐, 가격을 올릴 것이냐를 선택하는 것이다. A가 가격을 올리는데 B가 따라 오지 않는다면, A의 전략은 당연히 실패로 끝난다. 담합을 해서 서로 보조를 맞출 수만 있다면 정말 좋을 것이다.

그러나 경쟁기업끼리 담합하기가 어디 쉬운가. 또한 공개적으로 담합하면 공정거래법에 어긋나고 국제적으로도 문제가 될 수 있다. 다른 감방에서 공개적으로 얘기하지 못하는 죄수의 딜레마가 그대로 적용되는 것이다. 참여하는 기업이 서로 믿고 신뢰한다면 그만큼 전략적 선택이 쉬워진다. 그러나 경쟁기업이 서로 적대적인 관계에 있다면 결국은 최악의 결과를 가져올 수 있다.

로건 신부는 결국 옛 애인이 사건 당일 밤 같이 있었다는 사실을 증언함으로써 누명에서 벗어난다. 기업도 경쟁기업과 신뢰관계가 있으면 전략적 선택에 큰 비용을 지급하지 않아도 된다. 그러나 시장에서도 과연 신뢰가 존재하는가?

8

기업의 생존게임

　은퇴했던 농구계의 황제라는 마이클 조든의 복귀는 경제적으로 100억 달러가 넘는 부가가치를 창출했다. 스포츠의 경제적 영향력은 엄청나게 크다. 그런 스타가 40명만 모이면 우리나라 전체의 국내총생산을 넘어서는 것이다.

　스포츠는 정해진 규칙에 따라 상대 팀과 치열한 경쟁을 하는 데 묘미가 있다. 이런 스포츠의 특성을 따서 경제학에도 게임이론이 등장했다. 기업 간에 벌어지는 시장경쟁을 운동경기에 비유하는 것이다. 특히 생산자가 소수에 불과한 과점시장에서는 기업 간의 경쟁을 운동경기와 같은 차원에서 설명한다. 다시 말하면 기업이 곧 운동경기의 선수가 되는 것이다. 농구에서 5명이 뛰듯이 시장에서도 5개 기업이 경기를 벌인다고 생각하면 된다.

　두 사람이 치열한 눈치 경쟁을 하는 죄수의 딜레마도 전형적인 게임이다. 나의 '작전'은 고백할 것이냐, 안 할 것이냐, 둘 중의 하나다. 그런데 내 전략은 상대방이 어떻게 나오느냐에 의존할 수밖에 없다. 상대 팀이 수비전략을 어떻게 세우고 어떤 포지션으로 공격할 것인지에 따라서 우리 팀의 작전이 결정되는 운동경기와 다를 바 없는 것이다.

죄수의 딜레마는 몇 년을 감방에서 지내야 하는지를 좌우하는 운명의 결단이다. 기업의 게임도 역시 결국에는 죽느냐 사느냐로 연결된다. 예를 들어 작년의 반도체 시장을 살펴보자. 2기가 D램의 시세는 2011년에 3월 14.72달러였던 1기가 D램의 시세는 12월 7.04달러로 급락하였다. 제조원가는 평균 8달러 내외로 알려져 있다. 생산할수록 적자가 늘어나는 딜레마에 빠진 셈이다. 세계 반도체시장 3위를 차지하고 있던 일본의 엘피다Elpida는 가격경쟁을 견디지 못하고 얼마 전 파산신청을 하였다.

반도체 시장에서 벌어지고 있는 생존게임은 바로 죄수의 딜레마와 같다. 가격이 폭락한 이유는 공급과잉 때문이다. 따라서 최선의 전략은 바로 모든 업체가 협력하여 생산량을 줄이는 것이다. 기업이 이 사실을 모르겠는가. 그럼에도 모두 감산을 외면하고 있는 셈이다. 감산이 결코 자신에게만 유리하지도 않다. 오히려 경쟁기업에만 도움을 줄 수도 있을 것이라는 의구심 때문이다.

죄수의 딜레마 게임으로 풀어보자. A가 감산하고 B와 C는 감산하지 않는다면 시장가격의 안정에 따른 혜택은 A보다 B와 C에게 더 돌아간다. 오히려 A의 시장점유율만 줄어들 뿐이다. 빈사상태의 B와 C가 회생할 수도 있다. B와 C의 생각도 마찬가지다. B와 C는 감산하는데, A가 따라오지 않는다면? 차라리 현 상태로 버티는 것이 더 유리하지 않겠는가. 모두가 합심하여 생산량을 줄이면 좋을 것이다. 하지만 각 기업의 이해관계를 독자적으로 판단하면 결코 각 기업에 최선의 전략이 되지 않을 수 있다.

공범자 두 사람은 동반자가 어떻게 하든 고백을 하는 것이 자신에게 유리하다. 나만 고백하거나 두 사람이 동시에 고백해도 자백하지 않았을 때보다 형량이 적기 때문이다. 이렇게 남의 전략에 상관없이 자신에게 최선이 되는 우월 전략dominant strategy이 존재한다. 그러나 두 사람이 모두 입을 다물었다면 그것은 금상첨화 아니겠는가. 이런 가능성 때문에 협력이 잘 안 되는 것이다. 이 딜레마가 업체 간 협력을 가로막고 있는 것이다.

게임은 언제 끝나는가? 승자와 패자가 확인될 때 경기는 끝나고 관객도 사라진다.

9

뷰티풀 마인드

영화 〈뷰티풀 마인드〉의 상영을 계기로 '내시의 균형'이 화제를 모은 적이 있다. 수십 년 동안 정신분열증으로 광인과 같은 고통을 겪은 천재 수학자 존 내시John Nash. 그가 노벨 경제학상을 받게 되는 감동적인 전기가 영화로 만들어진 것이다.

영화에는 노벨상으로 이어지는 내시의 업적은 물론 한 천재가 겪는 정신분열증의 참담한 모습과 제자 알리시아의 사랑과 결혼, 냉전시대의 덫에 걸려 고통을 겪는 천재의 영혼이 생생하게 그려져 있다. 광기의 천재와 알리시아의 순수한 사랑과 헌신도 때로는 안타깝고 처절하게 느껴져서 관객들의 가슴을 뭉클하게 만든다. 과연 '사랑은 그를 만들었고, 그는 세상을 만든 것일까.' 게다가 〈글래디에이터〉의 영웅 러셀 크로(내시 역)와 제니퍼 코널리(알리시아 역)가 벌이는 명연기와 매력이 〈뷰티풀 마인드〉의 영혼을 더욱 아름답게 한다.

경제학자의 일생이 영화화되어 흥행에 성공하는 것은 흔치 않은 일이다. 아마도 '합리성'을 추구하는 경제학자의 속성상 내시와 같은 감동적인 삶을 찾아보기 어려운 까닭이 아닐까? 아니면 경제학의 어려운 개념을 영화 속에 담기가 어렵기 때문이리라. 〈뷰티풀 마인드〉에서도 내시의 가장 큰 업적인 '내시 균형'을 관객에게 설명하는 데 상당히 고심한 흔적이 보인다.

괴짜 천재인 내시는 기숙사 유리창을 노트 삼아 독창적인 아이디어를 찾으려 한다. 그러던 어느 날 내시는 네 명의 짓궂은 친구들과 함께 바에 가게 된다. 그곳에서 친구들과 함께 온 금발미녀를 보게 되고 그녀를 둘러싼 친구들의 '경쟁'을 보며 직관적으로 '균형이론'의 핵심을 파악한다. 금발 미녀에게 매료된 한 친구가 이렇게 외친다.

"우리의 애덤 스미스 선생이 말했지. 각 개인이 이기적으로 자신의 이익을 추구하면 그게 곧 공공의 이익을 극대화하는 결과를 가져온다고. 자, 서로 고민하지 말고 각자 미인을 차지하기 위해 노력하자고. 그렇다면 승자는 결국 한 명뿐이겠지만 그게 곧 최선의 결과가 될 거야."

친구들은 모두 고개를 끄덕인다. 그러나 내시가 갑자기 외쳐댄다.

"아니. 그럴 필요 없어. 우리가 모두 승자가 되는 길이 있다고. 만일 우리가 모두 그녀를 원한다면 승자는 한 명뿐이겠지. 그렇지만 모두가 한 사람에게만 관심을 두지 말고 그녀와 같이 다른 네 친구에게도 고개를 돌려 대시한다면 우리 모두가 동시에 행복해질 수 있어. 한 사람만 행복해지는 결과에서 다섯 명 모두 행복해지는 상태가 되는 거지. 서로 조정만 잘하면 모두가 행복해질 수 있는 거라고."

내시는 그 길로 나가 '내시의 균형'을 세상에 등장시킨다. 그의 논문을 읽은 교수는 다음과 같이 묻는다.

"자네가 150년이란 역사를 지닌 경제학을 부정하고 있다는 사실을 알기나 하나?"

내시는 고개를 끄덕거린다. 교수는 말을 잇는다.

"훌륭하군!"

그의 이론을 요약하면 이렇다. 그가 생각하는 걸 나도 생각하며 행동한다면, 경쟁자와 나 자신 '모두'가 만족할 수 있는 '균형'에 도달할 수 있다! 따라서 경쟁자가 지금과 같은 행동을 지속한다면 나 자신도 현재의 선택을 바꿀 필요가 없는 '내시의 균형'이 존재하는 것이다.

과연 스미스 이래로 내려온 '150년의 균형'과 '내시의 균형'은 어떻게 다른가? 커피 한 잔을 선택하는 데 15분이나 걸린다는 실존의 주인공 존 내시와 영화 속 배역 러셀 크로가 촬영장에서 만났을 때, 두 천재의 만남은 과연 어떤 균형을 이룰 수 있을까. 두 사람 모두 그 상태에서 역할을 바꾸고 싶지 않아 한다면 그것 역시 '내시의 균형'의 하나였으리라.

10

역사를 바꾼 내시균형

"그가 생각하는 걸 나도 생각한다고 그가 생각하리라는 걸 나는 생각한다."

어디 한 군데 쉼표라도 있으면 좋으련만, 보통사람은 이 추론의 연속을 이해하기 쉽지 않다. 이것은 수학자 존 내시가 21세에 쓴 27쪽짜리 박사학위 논문의 일부이다. 이 논문으로 50년 뒤 노벨경제학상까지 받았으니 천재성이 한결 더 돋보인다. 그가 프린스턴으로 진학할 때 그의 추천서에는 단 한 줄의 문장밖에는 없었다고 한다.

"그는 천재입니다He is a genius."

그러나 그 천재가 명성을 막 날리기 시작할 무렵, 비극적인 사건이 터졌다. 천재는 항상 기이하고, 고독하며, 광인狂人의 소인素因을 갖고 있는 것인가. 내시는 어느 날 〈뉴욕타임스〉를 들고 교수실로 뛰어들며 "오늘 신문에 나만이 해독할 수 있는 은하계에서 보낸 암호가 실려 있다"고 외쳐댄다. 원인불명의 편집증적 정신분열증이 서른 살의 내시에게 몰아닥친 것이다.

"이성과 논리적인 증명에 몸바친 자네가 어떻게 외계인이 자네에게 은밀한 메시지를 보내고 있다고 믿는가?"

하버드 대학의 조지 매키 교수가 물었다.

"초자연적인 존재에 대한 착상이든, 수학적 착상이든, 내게 떠오를 때는 똑같은 길을 오기 때문이지."

그 후 내시는 남루한 옷차림으로 대학 구내를 배회하면서 남들은 알 수 없는 낙서를 칠판에 쓰고 심각한 망상과 환상 등으로 비극적인 광인의 생활을 했다. 30여 년이 지나서야 겨우 광기에서 약간 회복된 그에게는 게임이론을 창시한 업적으로 노벨상이 기다리고 있었다. 생애 동안 단 3편의 논문을 남겼지만 수학, 경제학, 정치학, 생물학 등에 '내시균형Nash equilibrium'이라는 새로운 개념을 제시했던 것이다(일부 내용은 실비아 네이사 《아름다운 정신》에서 인용).

내시는 게임이론을 창안했다. 경쟁자의 대응에 따라 최선의 선택을 하면 서로가 자신의 선택을 바꾸지 않는 균형이 있다는 사실을 밝혀낸 것이다. 죄수의 딜레마와 같은 개념이다. 서로가 협력하여 자백하지 않으면 자신의 형벌을 줄일 수 있다. 그러나 서로 의심하고 협력하지 않으면, 차라리 말해버리는 것이 낫다. 이런 균형을 '내시균형'이라고 한다. "상대방이 현재의 전략을 유지한다는 전제하에서 나 자신도 현재의 전략을 바꿀 유인이 없는 상태"이다.

물론 서로가 협조적일 경우와 비협조적일 경우의 균형은 크게 달라

		B의 전략에 따른 이윤	
		가격 15,000원	가격 10,000원
A의 전략에 따른 이윤	가격 15,000원	150만 원 / 150만 원	200만 원 / 80만 원
	가격 10,000원	80만 원 / 200만 원	100만 원 / 100만 원

〈내시균형〉

진다. 그래서 협조적 게임과 비협조적 게임으로 나누어서 살펴볼 수 있다. 그림에서와 같이 두 기업 A와 B가 가격을 각각 1만 5,000원과 1만 원에 설정했을 때 이윤을 생각해보자. A와 B가 동시에 협조하여 가격을 1만 5,000원으로 유지하면 A, B 모두 150만 원의 이윤을 얻는다. 그러나 서로 협조하지 않고, A가 먼저 1만 원으로 내린다면, A의 이윤은 200만 원으로 늘어나고 가격이 비싼 B의 이윤은 80만 원으로 줄어든다. 따라서 A는 가격을 인하하려는 인센티브를 갖는다. 그러나 A가 가격을 인하하면 B도 당연히 가격을 인하하려는 인센티브가 주어진다. 그림에서와 같이 결국은 A, B 모두 100만 원의 이익을 얻게 되는 균형으로 가게 된다.

즉, A의 전략(가격 1만 원)이 주어진 상황에서 B의 최선의 전략은 가격을 인하하는 것이다. 또한 가격을 인하한 A로서는 B의 가격인하 전략이 주어진 상태에서 더 이상의 가격변화가 오히려 이익을 더 작게 만들게 되므로 움직이려는 유인은 사라진다. 따라서 모두가 가격을 인하한 점에서 비협조적인 내시균형이 성립한다. 물론 서로 협조한다면 더 많은 이익을 실현할 수도 있다.

내시균형의 개념은 협상전략으로도 널리 활용된다. "상대방이 생각하는 걸 나도 생각한다고 그가 생각하리라는 걸 나는 생각한다면" 결과는 항상 서로의 행동에 의존적이 된다.

나무 뒤에 숨은 사람

11

카르텔은 영원할 수 없다

나란히 가는 평행선이 있었습니다

서로는 늘 서로를 바라보며

먼 길을 동행했지요

그러다 하나의 선이

다른 하나의 선을 만나기를 갈망했습니다

그 선은 다른 하나의 선에게 말했지요

우리 서로 만나자고

(중략)

하나의 선은 방향을 틀어

다른 하나의 선을 향해 달렸습니다

두 선은 마침내 만났습니다

잠시 그 행복을 만끽했습니다

그리고는 서로 엇갈리며 멀어지기 시작했습니다

그 후론 다시 동행할 수 없게 되어 버렸습니다

– 이정현, 〈백 통의 편지와 한 통의 답장 II 50〉 중에서

같은 길을 가던 두 선이 서로 만나 행복을 만끽한다. 하지만 그것도
잠시. 두 선은 영영 헤어질 수밖에 없는 운명이었던 것이다.

같은 길을 가는 동업자들은 경쟁보다는 협력을 갈망할 때가 많다. 그
러나 어디 그게 쉬운 일인가. 어렵게 협력에 합의해도 대부분 오래가지
못한다. 경제에서도 두 선은 엇갈릴 수밖에 없는 운명을 안고 있는 모양
이다. 동업자들이 만나서 협력을 다짐하는 대표적인 형태가 바로 카르
텔이다. 상호 간 담합을 통해 협조적인 균형을 유지하자는 것이다. 그런
데 경제에서도 카르텔과 같은 두 선의 협조적 균형은 결코 오래갈 수 없
다. 왜 카르텔을 통한 협조적 균형은 오래 가기 어려운 것인가?

중동 산유국을 중심으로 1960년 9월 출범한 석유수출국기구OPEC는
1973년 중동 전쟁을 치르면서 카르텔의 위력을 발휘하기 시작했다. 동
업자끼리 협력하여 공급량을 통제하고 높은 가격을 유지했던 것이다.
그러나 OPEC처럼 카르텔이 오래 가는 것은 매우 드문 사례다. 실제로
OPEC 역시 지금껏 명맥을 유지하고 있지만 그 위력은 예전 같지 않다.

카르텔에는 어떤 속성이 내재된 것일까?

　카르텔 회원들의 생산여건은 모두 다르게 마련이다. A는 생산원가가 10달러인데 100만만큼 생산할 수 있다. B는 원가 15달러에 20만의 생산능력을 보유한다고 하자. 담합하여 카르텔을 형성하면 가격과 생산량은 어떻게 결정되겠는가. 가격은 당연히 시장의 경쟁가격보다 높아질 것이고 공급량은 줄어들어야 한다. 예를 들어, 18달러에서 60을 생산하기로 합의했다고 하자. 생산능력을 고려하여 배분한다면 A에게 50, B에게 10을 할당할 것이다. 카르텔이 잘 유지되어 협조적 균형이 지속되려면 A, B 모두 이 생산량을 엄격히 준수해야 한다.

　그러나 시장은 항상 자기에게 이익이 되는 방향으로 움직이게 마련이다. 카르텔 가격이 18달러로 고정되어 있으므로 두 회원 모두 생산량보다 더 많이 생산하는 것이 이롭다. 한 단위 더 생산할 때의 비용(한계비용)이 추가로 들어오는 수입(한계수입)보다 작기 때문에 더 생산할수록 이윤이 늘어나는 것이다. 따라서 모든 회원이 협정을 위반하려는 유혹을 받게 된다. 그러나 역설적으로 모두가 협정을 위반하면 어떻게 되는가. 시장에서 공급량은 늘어나고 가격은 내려간다. 협조적 균형이 무너지고 서로가 자신의 이익을 좇아 움직이는 비협조적 균형이 나타나는 것이다.

　협조적 균형이 오래갈 수 없는 또 다른 이유가 있다. 카르텔에 가입하지 않는 C가 덩달아 반사이익을 챙길 수 있기 때문이다. OPEC가 유가를 인상하니 북해유전과 대체연료 등 여러 형태의 C가 등장하지 않는가. 카르텔이 오래 작동할수록 C의 영향도 더욱 커진다. 따라서 협정에 가입한 A와 B의 노력만으로는 시장가격이 제대로 유지되지 않는다.

두 선이 협력하면 모두가 행복을 누릴 수 있다. 그러나 일단 만나면 헤어지고 싶은 유혹이 등장하는 것이 바로 카르텔이다. 누군가 24시간 감시하고 새로운 경쟁자가 등장하는 것을 막지 못하면 두 선은 엇갈릴 수밖에 없다. 그럼에도 아직 OPEC가 위력을 갖는 것을 보면, 경제의 균형은 역시 먼 날을 내다보는 것인가?

12

내일을 위한 선택

"왜 근로자들이 희생되어야 합니까? 도대체 구조조정이 무엇이기에 생계조차 어려운 노동자들을 먼저 자르고 외국인에게 팔아넘기려고 하는 것입니까? 생산 시설을 먼저 줄이고, 다른 투자도 줄이고, 다른 방법이 더 먼저 시행되어야 하는 것 아닙니까? 아니면 고용을 줄이지 말고 근로 시간을 줄이는 것은 어떻습니까?"

오래전 노사위원들에게 특강을 한 후 받았던 곤혹스런 질문이었다. 글로벌 경제에서 생존하려면 기업의 유연성이 높아져야 한다. 그러기 위해서는 노사관계의 경직성이 사라져야 한다는 강의가 만족스럽지 못했던 것 같다. 구조조정만 한다면 하면, 왜 하필 근로자부터 줄여야 하냐고 묻는다.

당연한 항변이다. 당사자로서 얼마나 처절한 경험이겠는가. 근로자만 일방적으로 희생되어서는 안 될 일이다. 그럼에도 구조조정이 단순한 고용 감축과 같은 의미로 쓰이는 현실을 어떻게 설명할 수 있겠는가.

구조조정의 궁극적 목표는 고용 감축이 아니라 경쟁력의 회복이다. 고용 감축은 구조조정의 한 수단일 뿐이다. 경쟁력을 갖추려면 어떤 시장 여건에서도 생존할 수 있게 유연한 전략이 필요하다. 수요가 감소하면 생산 규모를 줄여야 한다. 반대로 시장이 확대되면 공급을 늘려야 한다. 생산 시설, 고용 규모, 투자 등 모든 변수를 시장 여건에 맞게 신축적으로 조정할 수 있어야 한다. 시장에서는 회오리바람이 불어오는데 그 바람에 대처할 만큼 유연하지 못하면 어떻게 살아남을 수 있겠는가. 태풍 속에서는 유연한 버드나무가 더 잘 버티지 않는가.

따라서 기업은 신축적으로 조정할 수 있는 부분부터 먼저 구조조정을 한다. 기업의 영업활동에 투입되는 생산요소는 가변요소可變要素와 고정요소固定要素로 구별된다. 원재료와 노동은 대표적인 가변요소이다. 생산 시설, 자본, 토지는 고정요소에 해당된다. 비용도 고정비용과 가변비용으로 구별된다. 고정비용은 생산량에 관계없이 필수적으로 들어가야만 하는 비용이고 가변비용은 생산 규모에 따라 변동한다. 광고비, 마케팅, 단기 금융비용은 물론 임금과 원재료 비용도 모두 가변비용에 해당한다. 실제 제품과 용역의 생산은 가변요소와 고정요소가 결합하여 이루어진다.

이런 생산구조 속에서 시장 여건이 어려워지면 무엇을 먼저 조정하겠는가. 우선은 가변요소를 줄이고 그래도 어려우면 생산시설을 폐쇄하는 등 고정요소를 조정한다. 경기 확장기에도 고용과 원재료 구입 등 가변요소로부터 늘려나간다. 물론 생산요소의 절대 투입량을 줄이기 전에

비용을 줄이기 위한 다른 전략을 먼저 시도할 것이다. 또한 노동력이 모두 가변요소인 것도 아니다. 다른 사람과 대체될 수 없는 능력을 갖춘 인재는 고정요소에 버금간다. 그렇기 때문에 나 자산만의 능력이나 기술을 갖는 것이 그만큼 중요하다.

그렇다고 고정된 요소를 먼저 조정할 수는 없다. 왜냐하면 생산 시설과 같은 고정요소는 구조조정에 상당한 시간이 소요되어 시장 여건에 신축적으로 대처할 수 없기 때문이다. 경기가 상승하면 기업은 먼저 가변요소인 인력과 원재료를 투입하여 생산 시설을 완전 가동한다. 이런 상태가 상당 기간 지속되어 미래 전망에 대한 확신이 있을 때만 고정요소인 시설 투자를 한다.

구조조정의 목적은 결코 고용 감축이 아니다. 오히려 유연성을 확대하여 경쟁력을 높이고 부가가치와 고용을 창출하는 것이 궁극적인 목적이다. 그러나 어려울 때 구조조정을 못 한다면 그 기업은 결국 침몰하고 말 것이다. 단기의 구조조정에 너무 민감하게 반응하지 말자.

13

알래스카의 교훈

역사의 아이러니는 언제 어디서나 등장하게 마련이다. 1867년 미국은 한반도의 7배나 되는 알래스카를 러시아로부터 사들였다. 극심한 재정난에 허덕이던 제정 러시아는 황실의 수입 증대와 영국의 북태평양 진출을 위해 알래스카를 매각했던 것이다. 그 넓은 땅을 불과 720만 달러에 팔았으니 약 1,983제곱미터(600평) 고작 1센트에 불과한 가격이었다. 그것도 부채를 안고 현금은 20만 달러만 지급하는 조건이었다.

미국의 행운은 당시 국무장관이던 윌리엄 수어드의 8년간에 걸친 끈질긴 노력과 과감한 확장 정책의 결과였다. 그러나 당시의 분위기는 지금과는 전혀 달랐다고 한다. 러시아는 시원하게 잘 팔았다고 왕의 하사금으로 축제까지 벌였다. 하지만 미국에서는 '지구 상의 지옥'과 '수어드의 냉장고'를 사들였다는 비난이 들끓었다. 하원은 여론에 밀려 1년 동안이나 매입대금을 승인도 않았다. 수어드의 외물 의혹까지 조사하는 촌극을 벌였다. 이 때문에 수어드는 결국 쿠바를 포함한 카리브 해 연안의 매입 계획을 포기했고 평생 실정失政의 부담에 시달려야 했다.

실제로 사회 정서나 분위기가 엄청난 경제적 비용을 유발하는 사례는 너무나 많다. 경제적 신념을 책임 있게 밀어붙이는 고위 당국자가 없어서 날려버리는 손실도 얼마나 큰가. 만약 수어드가 여론에 밀렸다면 어떻게 알래스카를 차지할 수 있었겠는가. 카리브 연안을 사들이지 못한 것도 얼마나 아쉬운 일인가. 이런 사례는 우리라고 예외일 수 없다.

대우자동차의 매각은 어떠한가? 1차 입찰에서 70억 달러까지 거론되던 기업 가치가 불과 몇 년 사이에 얼마나 폭락했는가. 과연 무엇이 한국 物물의 가치를 폭락시킨 것일까? 누가 국부유출과 헐값 매각을 외치며 조기 매각을 반대하였는가?

먼저 경제 논리에 역행하는 사회 정서를 지적하지 않을 수 없다. 알래스카의 아이러니가 우리에게도 엄청난 부담이 되는 것이다. 기아자동차를 생각해보자. 삼성은 한때 시장에서 기아자동차의 주식 매입을 시도한 적이 있었다. 기아자동차 인수로 자동차의 꿈을 실현하려는 시도였을 것이다. 그러나 실체가 분명치 않은 여론은 너무나 매정했다. 재벌이 전문 경영 체제의 모범적인 '국민기업'을 어떻게 인수하느냐고. 삼성은 기아를 포기했다. 대신 삼성자동차를 설립했다.

그 후 기아는 불과 2년을 넘기지 못하고 쓰러졌고 우여곡절 끝에 현대에 넘어갔다. 이 과정에서 발생한 엄청난 부채는 결국 국민의 몫으로 돌아갔다. 삼성자동차 역시 오래 버티지 못했다. 삼성이 기아를 시장에서 인수하도록 내버려두었다면 경제적 손실은 훨씬 적었을 것이다. 어쩌면 우리 경제가 외환 위기에서 벗어났을지도 모른다.

대우자동차 역시 마찬가지다. 누구 하나 몇 년 동안을 한결같이 매각에 나섰던 책임자가 있었던가. 정부는 채권단에, 채권단은 정부에 중요한 시점마다 책임을 전가하지 않았는가. 2차 협상에서는 포드만을 단일 협상자로 선택하는 어이없는 실수를 범했지만 아무런 말이 없었다. 강성 노조 역시 대우자동차의 기업 가치를 떨어뜨리는 데 이바지해왔다. 이런 환경에서 어떻게 제값을 받을 수 있겠는가. 결국 1년을 미룰 때마다 기업 가치는 수억 달러씩 폭락한 셈이다.

과거 역사에 묻어버린다 해도 내일마저 버릴 수는 없다. 어제와 같은 실수를 되풀이하지 않아야 한다. 여론에 급급하지 말고 수어드 같은 용기로 정부가 리더십을 발휘해야 한다. 경제는 여론에 의해서 움직일 수 없다. 경제 논리로 시장에서 해결할 때 가장 비용이 적게 든다.

미래
경제학

1

마네트의 두 도시

상류층의 사치와 부패를 거론하자면 프랑스혁명 직전의 루이 16세 시절을 빼놓을 수 없다. 그중에서도 백미는 왕후인 마리 앙트아네트의 허영과 사치였다. 그녀는 왕정을 풍자한 〈피가로의 결혼〉을 로코코 극장에서 공연하게 하고 스스로 〈세빌리아의 이발사〉에 출연하면서 귀족 문화에 눈을 뜬다. 그러나 문화는 겉치레였을 뿐 온갖 사치를 만끽하며 사교계의 요정으로 군림하게 된다. 사치와 권세가 오죽했으면 완가에서 버려진 고아 잔느가 그녀의 이름을 팔아 160만 루블의 다이아몬드를 사기로 구매할 수 있었겠는가.

그러나 권세도 일순간, 왕실의 권위를 갉아먹는 사치의 표상으로 낙인찍혀 국민에게 혁명의 제물로 사라져갔다. 물론 부패는 왕후뿐이 아니었다. 고위직의 매관매직이 얼마나 극심했던지, 판검사 취임 선서문에서 그 직책을 얻기 위해 돈을 쓰지 않았다는 내용도 포함되어 있었다고 한다. 그래서 후세의 역사가들은 그들이 모두 취임 첫날을 위증죄로 시작했다고 평가한다.

봉건왕정이라고는 하지만 같은 나라 같은 땅에 발을 붙이고 있었음에도 당시 귀족과 서민의 완전히 유리된 두 세계에서 살아가고 있었다. 행차 길에 귀부인에게 휘파람을 불었다는 죄목으로 수십 년의 형을 받은 서민도 있었다고 한다. 두 계층 간의 벽이 얼마나 높았던지를 알 수 있다.

어디 그뿐이랴. 평범한 의사 마네트는 18년을 바스티유 감옥에서 보냈는데 그 이유가 가관이다. 우연하게 귀족의 비밀을 알게 되었다는 사실 하나만으로도 그토록 무거운 죄가 성립되었던 것이다. 18년 뒤에 석방된 마네트는 귀족문화의 부패와 잔인성에 대한 역겨움 때문에 파리를 떠나 런던으로 가게 된다. 이것이 디킨스 소설 《두 도시의 이야기》가 전개되는 플롯이다. 제도와 문화가 전혀 다른 두 도시를 오가며 전개되는 마네트 일가의 파란만장한 얘기가 소설의 줄거리이다. 그 속에는 물론 귀족 문화의 횡포로 자신들의 생명조차 제대로 보전하지 못하는 서민들의 처연함이 담겨 있다.

그러나 두 도시의 이야기는 결코 남의 나라 얘기만은 아닌 것 같다. 발음조차 익숙하지 않은 외국의 명품 제품들, 몇백만 원을 호가한다는 머리핀, 몇천만 원대의 쇼핑, 잊을 만하면 터져 나오는 뇌물 사건……. 세간에 가장 많이 오르내리는 이러한 사건들을 보는 사람들의 정서는 어떠할까. 자신의 세계와는 전혀 다른 또 하나의 문화에 대한 냉소, 불신, 허탈감만 가득한 것 같다. 그렇다. 우리 모두 같은 땅에 발을 붙이고 있지만 서로가 유리된 두 도시에서 살아가고 있는 것 같다. 비록 일부라 할지라도 상류층의 그 도시에서는 서민층이 상상할 수 없었던 다른 문화가 유행하고 있는 것이다.

두 도시의 경계는 완연히 구별되어왔던 것 같다. 서민들의 세계는 투명했다. 하지만 또 한 도시의 벽은 그렇지 못했다. 그곳은 안에서만 바깥을 볼 수 있게 코팅된 '반사유리' 속에서 보호되어왔던 것이다. 그러다 어느 날, 그것도 내부의 갈등으로 작은 창의 코팅이 벗겨지면서 그 도시의 실상이 일부 드러난 셈이다. 우리 모두 마네트처럼 우연히 비밀을 알게 된 불경죄를 범하게 된 것이다.

그 도시의 작은 창을 통해 흘러나오는 진실과 비밀이 모두 먼 나라 다른 도시의 얘기로 들릴 뿐이다. 반사유리의 코팅이 워낙 완벽했기 때문에 그 도시에 대한 추측과 의혹도 무성할 수밖에 없다. 어느새 공식 발표마저도 반투명의 유리 속에서 흘러나오는 얘기로 치부하려는 불신의 늪이 크게 형성되어버렸다.

나라가 두 개로 분단된 것도 서러운데 언제까지 도시 사이의 불신과 냉소의 벽을 높게 쌓아만 갈 것인가. 지역 간 분열도 감당하기 어려운데, 문화마저 두 도시를 분열된다면 무엇을 기대할 수 있겠는가. 국민 통합이 성공하기 위해서는 반드시 두 도시 간 불신의 벽을 허물어내야한다. 거리에 있는 사람이나 나무 뒤에 숨은 사람이나 모두가 서로 신뢰하고 존중하는 문화를 공유해야만 한다.

구체적으로 무엇을 해야 하는지는 이미 많은 해답이 나와 있다. 바람직한 정책도 많이 토론되어왔다. 단지 실행하지 않고 있을 따름이다. 더

는 작은 것에 집착하여 두 도시의 불신을 높이는 우를 범하지는 말아야
할 것이다.

2

푸른 하늘의 자유

푸른 하늘을 제압하는

노고지리가 자유로웠다고

부러워하던

어느 시인의 말은 수정되어야 한다

자유를 위해서

비상飛翔하여 본 일이 있는

사람이면 알지

노고지리가

무엇을 보고

노래하는가를

어째서 자유에는

피의 냄새가 섞여 있는가를

혁명은 왜 고독한 것인가를

혁명은 왜 고독해야 하는 것인가를

— 김수영, 〈푸른 하늘〉

소중한 것은 저절로 굴러들어오지 않는다. 뜻대로 말하고 푸른 하늘을 날 수 있는 자유도 쉽게 얻어지지 않는다. 자유라고 이름 지어진 모든 것은 얼마나 많은 희생의 대가로 얻어진 열매인가.

경제적 자유도 신체의 자유나 정치적 자유 못지않다. 오히려 자유로운 것처럼 보이는 나라에서도 경제적 자유는 엄격하게 규제되는 경우가 많다. 그래서 원하는 사업에 투자하고 마음대로 직업을 선택하며 좋은 상품을 고를 수 있는 경제 자유도 희생 없이는 얻기 힘들다.

경제적 자유는 포괄적으로 투자, 무역, 조세, 기업 경영, 금융 등 여러 측면에서 정부의 간섭 없이 얼마나 자유로운 의사결정을 할 수 있느냐를 말한다. 우리의 경제적 자유는 어느 수준에 와 있는가? 1960~1970년대의 경제 발전이 정부 주도로 이루어졌다. 따라서 금융 산업에 대한 정부 규제가 만연하였고 아직도 그 유산을 버리지 못하고 있는 것이 사실이다. 최근에도 정부가 재벌 개혁에 깊이 개입하여 '관치 경영'이라는 말까지 등장하였다. 사기업 총수의 운명도 정부의 입김에 따라 좌우되기 때문이다. 이런 요인으로 경제적 자유는 정치 민주화와는 달리 지속해서 하락하는 추세에 있다.

실제로 헤리티지 재단이 발표한 2012년의 경제자유지수에서 한국은 우루과이, 체코, 칠레 등보다 낮은 세계 156개국 중 31위를 차지하고 있다. 우리의 경제 규모가 세계 10위권인 것을 고려하면 턱없이 낮은 수준이다. 경제 자유도가 가장 높은 나라는 홍콩이다. 싱가포르, 호주, 뉴질랜드 등이 상위에 올라 있으며 경기 침체를 겪고 있는 일본은 22위에 기록되어 있다.

지나친 자유는 흔히 혼란과 과당 경쟁을 유발하여 부정적인 결과를 가져올 수도 있다고 한다. 그러나 경제적 자유도가 높을수록 성장률과 국민소득도 높아지는 엄연한 현실을 어떻게 받아들여야 하는가. 경제 자유도가 최하위인 쿠바와 북한이 최빈국에서 벗어나지 못하고 있는 것은 결코 우연이 아니다. 사회주의 경제가 수십 년간 참담했던 '인민의 희생'을 제물로 이제야 시장 체제로 이행하는 것은 자유에 얼마나 많은 아픔과 '피의 냄새'가 스며 있는지를 역설적으로 보여준다.

경제 자유는 시장경제가 지향하는 궁극적인 가치의 하나다. 창의적 혁신과 책임, 생산성이 모두 자율적 의지가 있을 때만 최선의 결과를 가져오기 때문이다. 반대로 정부의 간섭과 통제가 많아지면 효율성은 낮아질 수밖에 없다. 경제 자유도가 낮아질수록 기업의 사업 환경은 악화된다. 물론 경제적 자유로만 해결될 수 없는 현안에는 정부 개입이 불가피한 때도 있지만, 정부는 항상 자신이 모든 것을 가장 효율적으로 움직일 수 있다는 환상을 가질 때가 많다. 그러나 역사적 경험은 오히려 그 반대였다.

우리는 이미 IMF 외환위기의 환란으로 엄청난 대가를 치렀다. 그 희생의 원인이 정부 주도형 관치 경제의 폐해에서 비롯된 것도 잘 알려져 있다. 그래서 자유를 듬뿍 담은 '시장경제와 민주주의'의 기치를 내걸고 출발했다. 하지만 과연 경제적 자유는 얼마나 확보되었을까. 노고지리가 하늘을 난다고 모든 것을 얻은 게 아닌 것처럼 구호만 거창하다고 자유가 저절로 주어지는 것은 아니지 않은가. 처음 시작할 때의 고독한 개혁을 다시 시작해야 한다.

3

금주법의 유산

오늘도 얼마나 많은 사람이 술로 기쁨을 나누고 슬픔을 달래겠는가. 그러나 술은 태생부터가 비극으로 시작되었다. 그리스 신화에 나오는 디오니소스가 술을 만드는 비법을 처음 개발했지만, 그의 수제자 이카리오스부터 비극의 술잔은 시작된다. 이카리오스가 만든 술을 처음 마신 양치기들은 술에 취하자 자신들이 독약에 취한 줄 알고 그를 죽여 버렸기 때문이다. 《성경》 속의 노아도 홍수가 끝난 뒤 술에 취하여 벌거벗고 자다가 아들에게 발각되었다. 이 사건으로 세 아들의 운명은 축복과 저주로 뒤바뀌게 된다. 그러니까 술이 불러오는 비참한 역사는 꽤 오래된 셈이다.

이렇게 나쁜 술을 금지할 수 있다면 얼마나 좋을까? 주당들에게는 고언이 되겠지만, 실제로 많은 나라가 술을 규제해왔다. 경제적 자유가 폭넓게 주어지는 미국에서조차도 모든 술의 제조, 판매, 수출입을 금지하는 금주법이 시행된 적이 있었다. 1919년에 제정된 금주법은 강력한 사회적 규제의 하나로 시행된 셈이다.

그러나 규제에는 항상 부작용이 있게 마련이다. 아이러니하게도 금주법은 마피아 조직을 급성장시키는 발판이 되었다. 멕시코와 캐나다로부터 술을 밀수 밀매하는 갱조직이 등장하여 지하조직을 통해 엄청난 이익을 챙기는 황금의 밀수업이 활개를 치게 되었다. 암시장의 황금을 놓고 유혈극을 일삼는 광란의 1920년대가 시작되었다. 말런 브랜도가 열연한 〈대부〉도 바로 이 시대를 배경으로 하고 있다.

규제에는 항상 예외가 있게 마련이다. 그 당시에도 성찬용이나 의사의 처방, 의료용 알코올만은 제외되었다. 어느 명망 있는 변호사는 금주법을 위반한 피고인에 대해 '인사불성이 되어 상처의 통증을 잊기 위해 마신 것이고, 취해서 기분이 좋은 것은 부작용'이라고 변호했다고 한다. 그러나 시간이 흐를수록 금주령을 비웃는 무허가 술집과 관리들의 부패만 늘어났다.

금주법은 결국 숱한 규제의 부작용만 남기고 14년 만에 폐지되었다. 당시에는 금주법을 '고상한 실험noble experiment'이라고 불렀다. 하지만 오늘날 이 말을 '허무맹랑한 탁상공론'으로 통한다. 고상한 실험의 실패를 경험한 세계 각국은 술에 높은 세금을 부과하는 경제적 규제가 오히려 더 술 소비를 억제하는 데 효과적이라는 사실을 터득하였다.

그러나 그 고귀한 실험은 술로 끝나지 않았다. 아직도 수없이 많은 규제가 사회적 규제라는 핑계로 엄연히 살아 있고 규제가 만들어준 먹이사슬을 좇아 기생하는 사회적 부패가 심각하지 않은가. 시장의 기능을 무시한 규제는 부작용이 따르게 마련이다. 그래서 마피아가 활개치는 암시장도 생겼던 것이다. 과외를 규제하면 오히려 과외비가 올라가고 유흥업소를 규제하면 비밀요정이 생긴다.

경제적 규제를 '고상하게' 생각해보자. 환율이나 외환 거래를 규제하면 암달러 시장이 생긴다. 사업권을 엄격히 규제하면 로비스트가 등장하고 정치인과 기업인이 야합하는 정경 유착이 나타난다. 프리미엄이 형성된 모든 것에는 반드시 공급을 제한하는 규제가 있게 마련이다. 규제가 혜택을 받았기 때문에 프리미엄이 붙은 것이다.

때로는 그 규제를 풀기 위해서, 규제로 보호받기 위해서, 또는 경쟁 사업자를 규제로 묶기 위해서 수없이 많은 비리와 부패가 생기는 것이다. 그래서 규제가 많은 나라일수록 정책의 투명성이 낮고 관리들은 부패해진다. 그들은 '고상한 마피아'라고 부르면 실례되는 표현일까? 경제에 자유가 필요한 이유도 여기에 있다.

아직도 우리 주변에는 분에 넘치는 '고상한 실험'이 너무 많다. 경제 자유의 핵심인 경영의 자율권을 규제하는 관치 경영도 고상한 실험의 위험을 안고 있다. 실험실에서만 끝나면 다행이련만, 고상한 희생을 엉뚱한 사람들이 당하게 되면 어찌하나.

4

미아 패로의 아파트

미아 패로는 우디 앨런과 명콤비를 이루던 인기스타로 숱한 화제를 남겼다. 별로 미인이 아니라는 평가 속에서도 앨런을 만난 후, 일약 스타로 떠올라 〈범죄와 비행〉 〈아일랜드의 연풍〉에서 열연하며 한때는 패로의 헤어스타일까지 유행하게 하였다. 그녀의 숱한 남성편력도 유명하리라. 프랭크 시나트라, 지휘자 앙드레 프레빈, 우디 앨런 등과 살다가 헤어지며 끝없이 염문을 만들었던 것이다.

그녀의 명성은 여기서 그치지 않는다. 뉴욕에는 '미아 패로의 법Mia Farrow law'도 있다. 인기 스타의 이름이 어떻게 법안에까지 붙어 다니게 되었을까. 임대료를 엄격히 규제하는 법령으로 패로가 큰 혜택을 받았기 때문에 붙인 별명이다. 그녀는 1997년 당시 센트럴파크 서쪽의 방이 10개나 딸린 호화 아파트에 살고 있었다. 그러나 임대료는 방이 하나뿐인 아파트와 비슷하게 내고 있었다. 미아 패로의 법(임대료 규제법) 때문에 임대료를 올리거나 내보낼 수 없었기 때문이다.

물론 이 법의 취지는 저소득층의 보호였다. 그러나 누구든 일단 입주만 하면 법의 혜택을 즐길 수 있게 되어 있었다. 그래서 유명배우, 의사, 펀드 매니저 등 돈 많은 사람이 호화 아파트를 값싸게 임대한다고 화제에 올랐다. 미아 패로도 그 중의 한 사람이었던 셈이다(이후 법 개정으로 일부 고소득층의 호화 아파트는 규제가 적용되지 않는다고 한다). 규제는 정말 임대료를 안정시키는가?

"3층의 방 3개짜리 아파트에는 노부부만이 살고 있는데 2층에는 두 아이와 젊은 부부가 단칸방에서 살고 있다. 그런데 임대료는 젊은 부부가 사는 작은 아파트가 2.5배나 비싸다. 노부부가 오래 사는 동안 임대료를 제대로 올릴 수 없었기 때문이다. 경제가 효율적으로 움직인다면 당연히 두 부부가 서로 바뀌어야 옳지 않은가. 그러나 규제는 엄격하다. 노부부가 이사하면 자식들이 현재 임대료를 내고 들어올 수 있다. 다른 사람에게 임대를 주려 해도 현재 수준에서 조금밖에 올릴 수 없다."

"이런 상황에서 당신이 주인이라면 친지나 신세를 진 사람에게, 아니면 뇌물이라도 주는 사람에게 방을 내주지 않겠는가. 누가 아무 관계없는 일반인에게 주겠는가? 그래서 시장에 공급되는 임대아파트는 더욱 줄어들고 임대료는 더욱 치솟는다. 누가 임대아파트를 새로 지으려 하겠는가. 당장 임대아파트도 부족하지만 시간이 흐른다고 더 공급된다는 보장도 없다. 오히려 임대료를 규제하면 장기적으로는 공급이 감소하여 값은 더 오르지 않겠는가."

"임대아파트에는 대부분 저소득층이 살고 있습니다. 만약 규제하지 않는다면 오히려 아파트는 값이 너무 비싸 텅 비게 될 것입니다. 임대료 규제로 저소득층을 보호하는 것은 너무나 당연한 것 아니겠습니까?"

"저소득층의 보호를 위해서는 좋은 제도 같지만, 10년 후의 저소득층은 오히려 공급부족으로 임대료를 엄청나게 비싸게 내야 한다."

임대시장이 발달하지 않은 우리에게 아직은 생소한 이야기들이다. 그러나 결코 남의 나라 얘기만은 아니다. 전세에서 월세로 전환할 때 임대료를 규제하는 법안이 통과되지 않았는가. 시장의 반응은 어떠할까? 임대료 규제는 한때 저소득층을 보호해주지만, 시장의 움직임마저 통제할 수는 없다. 아예 전세금을 올리거나 임대업을 포기하는 사람이 서서히 나타난다. 시간이 흐를수록 공급은 줄고 가격은 오히려 더 올라간다. 그래서 어느 경제학자는 "폭격 다음으로 도시를 파괴하는 것이 바로 임대료 규제"라고 혹평한다. 누가 넓은 아파트에 싸게 사는 미아 패로에게 돌을 던질 수 있겠는가. 임대료를 더 받으려는 주인도 패로와 마음과 다를 바 없다.

5

보이는 손은 약손인가

1997년 말 IMF 외환위기가 발생한 직후 한동안 빅딜이 추진되었다. 빅딜을 추진한 논리는 분명했다. 우리 경제가 위기를 맞게 된 요인이 바로 재벌의 과잉 투자에서 비롯되었다는 것이다. 또한 특정 분야에서 국내 대기업 간의 과당 경쟁이 심각해서 정부가 개입하여 교통정리를 해야 한다는 논리였다.

이에 따라 삼성자동차는 대우가 인수하고 엘지반도체는 현대전자가 인수하는 등 재벌 간의 대대적인 사업구조 개편이 추진되었다. 물론 재벌 간의 자율적인 합의 형태로 추진되었다. 그러나 실질적으로는 정부가 사업 교환을 밀어붙인 강력한 구조조정의 하나였다.

국내 기업 간의 경쟁적인 과잉 투자를 없애고 과당 경쟁을 방치하여 국제적인 경쟁력을 갖추도록 한다면 얼마나 좋은 일인가. 실제 반도체, 자동차, 석유화학은 공급 과잉 상태에 있었기 때문에 누가 보아도 구조조정이 시급했다. 그러나 지금 평가해보면 빅딜은 과연 소기의 성과를 거두었는가? 그러지 않은 것 같다.

자동차, 반도체, 석유화학 등 빅딜 대상이 되었던 산업의 경쟁력은 아직도 요원하기만 하다. 누군가가 최소한의 도덕적 책임감이라도 느껴야 할 판이다.

빅딜과 같은 사업 교환에는 정부가 개입하는 것이 바람직하지 않다. 이유는 분명하다. 시장은 항상 불확실한 상태에서 역동적으로 변화하기 때문이다. 변화하는 시장에 대한 투자의 결정은 당연히 기업이 해야만 한다. 왜냐하면 그러한 의사결정에는 항상 위험이 따르기 때문이다.

위험의 대가는 기업 스스로 책임지게 하는 것이 효율적이다. 그때의 선택으로 아직도 혜택이나 고통을 받고 있는 쪽은 정부가 아니라 기업이 아닌가. 반도체가 불과 몇 달 후에 호황으로 변할지 혹은 불황일지는 아무도 정확하게 예측할 수 없다. 그렇게 불확실하고 역동적인 상황에서는 정부 개입이 효율적이지 않다.

과당 경쟁과 과잉 투자는 언제든지 나타날 수 있는 시장현상의 하나이다. 기업은 수요가 늘어나고 재고가 줄어들면 미래를 위한 투자를 대비한다. 업종마다 다르다. 하지만 대체로 공장의 가동률이 75퍼센트를 넘으면 벌써 새로운 투자를 준비한다. 시장의 수요도 마찬가지다. 때로는 불황이 지속되다가도 어떤 전기로 수요가 증대하는 경우도 많다. 최근에는 경제의 세계화 추세로 시장의 불확실성과 역동성이 더욱 커지고 있다. 따라서 어느 수준이 진정한 '과잉 투자'인지 또는 '과당 경쟁'인지를 파악하기 어려운 경우가 많다.

실제 과당 경쟁을 명분으로 하는 정부 규제는 수없이 많다. 인허가를 통해 사업자 수를 제한하는 것도 대부분 과당 경쟁을 막는다는 논리에서 비롯된다. 그러나 규제는 일단 도입되면 시장 수요가 늘어나더라도 지속되는 것이 일반적이다. 새로운 사업자가 진입해도 아무런 문제가 없음에도 수수의 기존 사업자만 영업하는 경우가 많아진다. 이렇게 되면 현재 사업권을 가지고 있는 기업만이 특혜를 누리게 된다. 흔히 말하는 프리미엄이 형성된다.

그렇다고 과당 경쟁 때문에 쓰러지는 영세업자를 보호하지 않을 수 없지 않은가. 옳은 얘기다. 그러나 과당 경쟁을 막는 규제는 일정 기간이 지나면 자동으로 폐지하는 것이 좋다. 빅딜처럼 인위적인 교통정리가 더 큰 불편을 가져올 수 있기 때문이다.

6

자비심보다 자비로운 이기심

　"오늘 저녁 식사는 정육업자, 양조업자, 제빵업자들의 자비심 때문이 아니라 그들의 개인이익 추구 때문이다. 사람은 누구나 생산물의 가치를 극대화하는 방향으로 자신이 가진 자원을 활용하려고 노력한다. 개인이 공익을 위해 움직이는 것은 아니며, 자신이 얼마나 공익에 기여하는지도 알지 못한다. 단지 자기이익과 안전을 위하여 행동할 뿐이다. 그러나 사람들이 자신의 이익을 열심히 추구하는 가운데 '보이지 않는 손'에 의해서 원래 의도하지 않았던 사회나 국가 전체의 이익이 증대된다."

　스코틀랜드에서 유복자의 아들로 태어난 애덤 스미스는 말이 적고 내성적이며 항상 우울한 편이었다. 어린 시절 유괴를 당한 기억 때문이었을까? 한 번 생각에 빠지면 다른 일은 거들떠보지도 않는 편집광이었다고 한다. 그래서 잠옷 바람으로 산책하러 집을 나가면 저녁때나 돌아오곤 했다고 한다. 그는 생계 때문에 한때는 철도원으로, 은행원으로, 문학평론가로 전전긍긍하며 힘겨운 생활을 했다. 그러던 그가 인젠가 세익스피어를 혹평하는 글을 썼다가 평론계에서 '스코틀랜드의 잡초'로 사라져야만 했다.

그가 세인의 관심을 끌며 역사를 바꾼 경제학자로 변신하게 된 것은 당대 명문의 철학서 《도덕정서론》으로 명성을 날리고 부유한 공작의 개인교수로 프랑스를 여행하며 《국부론》을 저술한 후부터였다. 그의 메시지는 매우 간단하다. 모든 개인이 자신의 이익을 좇아 행동한다면 '보이지 않는 손'에 의해 조정이 되면서 공공의 이익은 극대화된다. 우울한 성격과는 달리 매우 낙관적인 경제철학을 제시했던 것이다. 세상에 모든 사람이 자기이익에만 몰두한다면 자연적인 조정을 통해 최대다수의 공익과 후생이 극대화되는 균형이 달성된다니 얼마나 낙천적인가.

바로 이 '보이지 않는 손'이 오늘날 시장경제의 근간이 되었으니 시장경제는 태초부터 낙관적 자연주의를 바탕으로 한 셈이다. 시장경제에서 '보이지 않는 손'이란 가격을 말한다. 가격이 수요와 공급을 자동으로 조절하며 수요자와 공급자 사이에서 서로의 이해를 조정하여 시장의 균형을 이끄는 것이다. 이 기능으로 경쟁시장에서는 각 개인이 노력하지 않아도 수요와 공급의 균형이 이루어진다는 것이다.

이런 자유방임과 시장의 자동조절기능을 믿는 애덤 스미스는 "정부는 법령과 규제로 경제에 도움을 준다고 생각하지 마십시오. 차라리 자유방임 하십시오. 간섭하지 말고 그대로 내버려두십시오. '이기심이라는 기름'이 경제라는 엔진을 잘 돌아가게 할 것입니다"고 말하였다. "교수와 법관의 월급도 학생 수와 판결량에 따라 결정되어야만 열심히 일한다"는 스미스의 논리는 법 제도나 국가보다도 개인의 동기가 훨씬 더 중요한 발전의 원동력이 된다는 것이다. 이해관계의 상충과 갈등은 모두 시장의 보이지 않는 손에 의해 조정되어 균형에 이른다.

물론 균형의 개념은 가격, 국민소득, 이자율, 고용과 임금, 국제수지 등 경제학의 거의 모든 분야에서 활용되고 있다. 역설적으로 모든 경제학의 문제가 균형을 찾는 문제라고도 할 수 있다. 경제학뿐만이 아니다. 다윈의 진화론도 애덤 스미스의 영향을 받아 "생존경쟁이 얼핏 보기엔 잔혹하고 무질서하지만 전체적으로는 진화하고 발전해간다"고 말했다고 한다.

전통적인 균형과 달리 '내시의 균형'은 비록 공공의 이익이 극대화되지 않는 상태에서도 서로가 변화를 원치 않는 평화로운 균형이 성립한다는 사실을 보여준다. 때로는 비효율적이거나 사회적 낭비가 많은 상태에서 적당한 타협의 결과로 균형이 성립될 수도 있는 것이다. 그래서 실업과 같이 바람직하지 않은 현상도 오래 갈 수 있다.

7

케인스의 편지

"대통령님, 당신의 정책은 잘못 가고 있습니다. 몇백 년 동안 내려온 전통이 틀릴 수도 있는 것입니다. 지금의 경기침체에는 정부가 개입해야 합니다. 가만히 지켜본다고 다시 새로운 균형으로 안정되는 것이 아닙니다. 물가가 하락한다고 임금도 내려가고 일할 사람도 줄어드는 게 아닙니다. 저절로 안정된 균형이 다시 돌아온다는 믿음을 버려야 합니다. 실업을 줄이려면 지금은 정부가 재정지출을 늘려야 합니다. 그래야만 허버트 후버의 실패를 피할 수 있습니다. 생산만 한다고 수요가 저절로 만들어지는 균형은 더는 나타나지 않습니다."

경제학자도 시대를 잘 만나야 빛을 볼 수 있는 것일까? 1930년대 대공황 때 젊은 케인스가 〈뉴욕타임스〉에 루스벨트 대통령에게 보내는 공개서한을 썼다. 케인스는 저명한 논리학자 존 네빌 케인스와 최초의 케임브리지 여시장을 역임한 플로렌스 브라운 사이에 태어나 이튼과 킹스

칼리지를 거쳐 앨프리드 마셜의 제자로 명문 가도를 질주한다.

그는 졸업 후 공무원으로 재무성에 들어간다. 하지만 역설적이게도 경제학 성적이 나빠서 자신의 희망과는 달리 식민지 인도에 배치를 받는다. 그러나 인도에서의 한량한 시간이 전화위복이 된 것일까? 그곳에서 확률론을 저술하고 경제학의 대가로서 성장하는 초석을 닦는다.

당시의 케인스는 시대를 거슬러 올라가며 전통적인 경제학의 흐름을 바꾸는 역사를 만들고 있었다. "공급이 수요를 창조한다"는 세이의 법칙을 되새겨보자. 애덤 스미스 이후 고전학파 경제학을 한 마디로 표현한 이 법칙은 생산만 하면 수요는 저절로 생겨난다고 한다. 수요가 부족한 것은 전혀 문제가 되지 않는다는 것이다. 일시적으로 민간의 소비나 기업의 투자가 부족해도 '보이지 않는 손'에 의해 곧 균형이 이루어진다고 믿었다. 실제 1930년대 이전까지만 해도 고전학파의 이러한 생각은 아무런 도전을 받지 않았다. 항상 공급이 부족하지 수요는 문제가 되지 않았던 시절이었기 때문이리라.

그러나 대공황이 발생하자 몇 년이 지나도 안정된 '균형'은 다시 돌아오지 않았다. 깨진 균형을 빨리 회복시킨다고 통화 긴축과 재정안정을 시도했으니, 경제는 오히려 더 깊은 침체의 나락으로 빠지지 않았겠는가. 과연 무엇이 바뀐 것일까? 근대 자본주의의 발달과 더불어 대량생산 체제가 정착되면서, 수요보다는 공급이 많은 상황으로 패러다임이 바뀐 것이다. 세계경제에 새로운 문제가 등장한 것이다. 그러나 모든 사람이 "공급이 수요를 창조하고 기다리면 균형이 온다"는데 누가 감히 그 정책에 도전할 수 있겠는가. 그러나 케인스는 외쳤다. 기다리고만 있다가는

"우리 모두 죽게 될 것이다"라고.

균형은 항상 바람직한 상태에서만 나타나는 것은 아니다. 실업이 존재하는 불완전 고용상태에서도 균형이 성립되어 오래갈 수 있다. 이것을 불완전 고용의 균형이라고 한다. 여기서 실업을 줄이고 '완전고용'을 달성하려면 약효가 있는 새로운 수요가 필요하다. 유효수요有效需要라고 한다. 대표적인 처방이 바로 적자를 내서라도 정부지출을 늘리는 것이다. 문제가 수요부족에서 비롯되었기 때문이다.

지금 생각하면 우리에게도 너무나 익숙한 상황이다. IMF 외환위기와 같이 외부적인 충격으로 경제가 침체하고 수요가 부족해지면 당연히 정부가 지출을 늘려 유효수요를 창출해야 한다. 그래야 불완전 고용의 균형을 완전고용의 균형으로 끌어올릴 수 있다. 물론 경기가 과열되면 그때는 다시 수요를 줄이는 처방이 필요하다.

역사상 케인스만큼 경제정책에 큰 영향을 미친 사람은 없다. 그래서 통화 만능을 주장하는 밀턴 프리드먼까지도 "우리는 모두 케인지언"이라고 하지 않았는가. 우리 경제도 아직 케인스의 처방에서 벗어나지 못하고 있다.

8

빚의 함정

경제는 때로 깊은 함정에 빠질 때가 있다. 한 번 떨어지면 쉽게 헤어나올 수 없는 늪에 빠지는 것이다. 이것을 결코 멀리 있는 얘기가 아니다. 1960년대 이전 우리 경제도 함정에 빠졌다. 소득이 너무 낮아 저축은커녕 소비 지출과 투자가 부족하고 이것이 다시 저성장과 저소득을 가져오는 빈곤의 함정이었다.

최근의 일본 경제는 또 다른 함정에 빠져 있다. 제로 금리에서도 소비와 투자가 늘지 않는다. 이제 이자율로는 어떻게 할 수 없는 침체에 빠진 것이다. 이름 하여 '유동성 함정'이라고 한다. 미국도 1930년대 초 극심한 대공황의 함정을 겪었고 1970년대의 남미는 연 1만 퍼센트가 넘는 인플레이션의 함정을 경험하였다. 형평을 지나치게 강조했던 사회주의의 실험도 대표적인 함정의 사례로 지적된다.

경제의 함정은 시공을 초월하여 여러 형태로 나타난다. 때로는 외부의 급격한 충격으로 발생하고 인기에 영합하거나 변화를 수용하지 못하는 경직된 정책이 주범이 되기도 한다. 원인은 다양하지만, 어떤 함정에서도 공통으로 나타나는 현상이 있다. 즉, 기존 정책의 답습이나 일시적인 자금 투입만으로는 함정에서 탈출할 수 없다는 점이다. 오히려 구조적 변화를 수반하는 엄청난 충격요법이 등장했던 것이다. 그래서 탈출에 성공한 경제마다 새로운 패러다임이 등장했고 지도자의 카리스마와 리더십이 뒷받침되었던 것이다.

우리 경제가 빈곤의 함정에서 벗어난 것도 예외가 아니었다. 과감한 외자 도입과 수출 지향적 개발 전략은 당시로서는 획기적인 발상의 전환이었다. 미국의 대공황도 뉴딜 정책으로 수습되었다. 모두가 공급만 강조하는 경직된 정책에 집착할 때 수요를 늘려야 한다고 주장하지 않았는가. 한때 세계의 우상이었던 일본 경제를 보면 이런 교훈이 더욱 분명해진다. 침체의 늪에서도 기존 정책만 되풀이하다가 불황으로 '잃어버린 20년'을 겪었고 내일마저 어둡지 않은가.

더는 남의 나라 얘기가 아니다. 우리 경제가 바로 '빚의 함정debt trap'에 빠져 있기 때문이다. 단기 외채에 몰려 한때 IMF 구제금융까지 받았던 우리 경제는 아직도 빚의 늪을 헤어나지 못하고 있는 것이다. 빚은 기업에서 은행으로 다시 정부와 가계 부분으로 전가되는 악순환을 되풀이하고 있다. 그러니까 경제 내부에서 주머니만 바꿔가며 빚이 더 커지고 있는 셈이다. 따라서 외환 위기에서는 벗어났다고 하지만 아직도 빚의 함정에서는 크게 벗어나지 못하고 있다.

실제로 한국은행이 발표한 자료(2011년 12월)에 따르면 기업부채는

2010년 9월 1,595조 원에서 2011년 9월에는 1,636조 원으로 증가했다. 기업의 부채비율이 낮아졌어도 전체 부채 규모는 오히려 늘어났다. 정부 부채는 405조 원에서 425조 원으로 넘어섰고 개인의 빚도 982조 원에서 1,070조 원을 넘어섰다. 가계의 빚이 가구당 4,500만 원을 초과하는 수준이다. 총부채가 전체 국민소득의 2.2배에 달하고 있다. 빚의 함정에서 더 많은 부채가 누적되는 전형적인 악순환이 나타나고 있다.

이런 경제에서 어떻게 빠른 회복을 기대할 수 있겠는가. 빚의 함정에서는 과다한 부채에 짓눌려 투자와 소비가 위축될 수밖에 없다. 경기 침체가 되풀이되는 구조적 위험을 안고 있는 셈이다. 따라서 안정적 성장을 위해서는 어떻게든 적정 수준으로 빚을 줄여야만 한다.

그렇다면 무엇이 가장 시급한가. 효율적인 빚 관리와 신속한 구조조정은 아무리 강조해도 지나치지 않는다. 그러나 더 절실한 것은 기업 환경을 획기적으로 개선하여 흑자를 내게 해야 한다. 안일한 규제와 반시장적인 형평 의식, 경직된 노사관계의 틀을 깨는 발상의 전환이 필요하다. 새로운 충격도 없이 어떻게 빚이 함정에서 벗어날 수 있겠는가.

9

두 팔이 필요한 이유

한 마을에서 두 가정이 우물을 공동으로 사용하고 있다. 물 사용량은 같지만 순이네는 연 3,000만 원을 벌고 돌이네는 연 2,000만 원의 수입을 올린다고 하자. 이럴 때 우물 관리 비용은 어떻게 분담하는 것이 바람직한가? 소득 수준에 따라 각각 5퍼센트씩 150만 원과 100만 원을 내는 것이 공평한가? 아니면 사용량에 따라 125만 원씩 나누어야 하는가? 게다가 순이네의 고소득이 많은 유산에서 비롯된 것이고 돌이네의 저소득이 신체적 장애 때문이라면 어떻게 하겠는가?

결코 가상적인 상황이 아니다. 말 많은 의료보험료를 누가 얼마나 부담해야 하고 소득이나 사치품에 대해 어떻게 과세할 것인가 등이 모두 이런 종류의 논쟁이다. 그렇다면 무엇이 바람직하고 옳은 방향인가?

모든 경제학자가 동의하는 정답은 찾기 힘들다. 같은 정책을 놓고도 서로 주장이 달리할 수 있기 때문이다. 정답이 둘이 될 수도 셋일 수도 있는 것은 자연과학에서는 쉽게 찾아볼 수 없는 현상이다. 물리학의 원리는 한 번 증명하면 논란의 여지가 없는 것 아니겠는가. 그러나 경제현상은 그렇지 않다. 어떤 시각에서 어떤 가치 기준을 갖고 보는지에 따라 결과가 크게 달라질 수 있다. 부분적으로는 옳으나 전체적으로는 다른 결과를 가져올 수 있고, 무엇을 더 중요시하는지에 따라 완전히 다른 결정을 할 수도 있다.

농부의 노력과 기후 덕택에 풍년이 든 경우를 생각해보자. 여지없이 농산물 파동이 나고 생산비에도 미치지 못할 만큼 가격이 폭락한다. 농부 개개인의 관점에서는 수확량이 많은 것이 좋다. 하지만 풍년이 되면 전체 농가의 소득은 오히려 감소할 수 있다. 증산을 독려한 정책이 생산자보다 소비자에게 혜택을 주어 수혜와 피해자가 바뀔 수도 있다.

최저임금제를 도입하면 개별 근로자는 낮은 임금으로부터 보호될 수 있다. 그러나 근로 조건이 좋아지므로 일하려는 사람은 많아지고 고용하겠다는 기업은 줄어들기 때문에 전체적으로 실업률은 높아진다. 누가 피해자인가? 모성보호법도 마찬가지다. 출산여성을 많이 보호할수록 여성 근로자의 공급은 늘어난다. 그러나 기업의 여성근로자에 대한 수요는 줄어들지 않겠는가. 일자리가 있는 사람은 더 보호받지만 여성의 취업난은 더 심해질 수 있다. 누구를 먼저 보호하는 것이 바람직한가. 전체와 부분이 구성의 모순을 가져오는 사례이다. 따라서 무엇을 더 강조하는지에 따라 정책 선택이 달라진다.

순수하게 물의 사용량만을 기준으로 한다면 우물 값은 당연히 절반씩 부담해야 한다. 그러나 많이 버는 사람이 더 내야 한다고 주장하면 뭐라

하겠는가. 그런 주장에는 이론적인 정답을 찾을 수 없다. 경제현상에 대해 '무엇이 중요하므로' '어떻게 되어야 한다'고 접근하면 그것은 규범적 분석이 된다.

이미 어떤 것이 좋다는 자신의 가치를 부여한 것이다. 반면 '있는 현상을 그대로' 보는 것은 실증적 접근이라고 한다. 경제 이론은 실증적 분석에 바탕을 두어야만 가치에 해방된 이론을 도출할 수 있다. 가치가 개입되면 정치 논리와 국민 정서 등 비경제적 요인을 모두 고려하게 되기 때문에 논리적 해답을 얻기가 매우 어렵다.

미국의 해리 트루먼 전 대통령은 "팔을 하나만 가진 경제학자One-armed Economist"를 찾았다고 한다. 논의되는 정책마다 경제학자들이 "다른 한편으로는On the other hand" 하고 상반된 대안을 제시했기 때문이다. 그러나 경제학자는 두 팔이 필요하다. 부분적으로는 옳지만 전체적으로 달라지는 경제현상이 너무 많기 때문이다. 특히 정치 논리에 따른 가치 판단을 요구하는 정책에는 항상 다른 팔The other hand이 필요하다. 그래야 또 하나의 팔로는 숨은 사람들의 마음을 헤아릴 수 있다.

10

창문에 세금을 부과하다

마음의 서쪽에

창이 열렸던 때가 있었네

담장 옆 수수꽃다리를 밟고 올라가면

이 층 단칸방 모두

한 방울의 눈물인 유리창

주인집 피아노 건반을

하나하나 꺾어 세운 계단은

늘 등꽃에서 끝나곤 했네

이 층 그 아래가

깎아지른 벼랑이던 날

풀 먹인 호청 누빈

금빛 이불자락이 서쪽의 끝까지 닿았네

금방 불타오르던 이 층의 앞날은

그 유리창처럼 산산이 부서졌네

피묻은 유리 파편이

등꽃의 향기임을 너에게 말해 줄까

— 송재학, 〈창이 있었네〉

창은 세상을 향한 눈이다. 맑은 유리는 내면과 외면의 세상을 밝게 이어주는 가교가 된다. 그래서 넓은 세상을 원하는 사람들은 더 큰 창을 갖고 싶어 한다. 건축기술이 발달한 최근에는 벽 전면을 모두 유리창으로 장식하는 건물도 많이 등장하고 있다. 단칸방의 창은 모두 '한 방울의 눈물'이지만 '주인집 창'은 너무 커서 언제 부서질지 불안할 때도 있다. 유리창이 보편화된 21세기에도 창의 크기는 부의 상징처럼 느껴지는 것일까?

실제로 그 '창'이 사치를 나타내는 척도로 사용되던 시절이 있었다. 1696년 영국에서는 유리창의 수와 크기에 따라 건물의 세금을 결정하였던 것이다. 유리가 귀한 당시로서는 집의 크기보다 유리창의 수에 따라 호화주택 여부를 평가하고 창이 많을수록 높은 세금을 부과하였다. 다시 말하자면 유리창은 일종의 사치재로 여겨졌고 유리창이 많으면 '호화주택'이었으며 많은 세금을 부과하는 기준으로 입법화되었던 것이다.

창문세의 여파는 어떻게 나타났을까? 집집이 유리창을 부수고 벽돌로 메우며 각 성城마다 창문을 줄이는 대대적인 공사가 벌어졌다고 한다. 당시에 건축된 성에는 왜 그렇게 작은 유리창이 몇 개밖에 달리지 않았는지를 쉽게 알 수 있다. 세금부과의 목적은 호화주택에 대한 중과세였지만 세금의 기준이 되는 창문만 줄이면 세금을 회피할 수 있기 때문이다. "창이 있었네"가 모든 것을 쉽게 설명한다.

그런데 과연 유리창을 기준으로 호화주택에 부과된 세금은 궁극적으로 누가 부담해야 했을까? 경제활동에는 어떤 파급효과를 가져왔을까? 주택에 부과한 세금은 모두 주택소유자가 부담하는 것처럼 보인다. 창문 수에 따라 부과되었으므로 창문을 많이 가진 사람이 세금을 내게 되기 때문이다. 그러나 창문이 많았던 집들은 세금을 회피하기 위해 창문을 줄였다.

집주인이 높은 세금을 내면서까지 창문을 달고 싶지는 않았기 때문이리라. 이 결과 창문에 대한 수요가 급격히 줄어들었다. 이렇게 되자 결국 세금의 여파는 집주인이 아니라 유리창을 생산하는 기업으로 전가되었다. 유리창 세금의 여파로 생산업자는 분명 줄줄이 도산했을 것이고, 상당기간 유리 문화는 정체되었을 것이다. 호화주택을 규제하자는 본래의 목적과는 달리 세금은 오히려 유리창 생산업자에게 큰 타격을 준 것이다.

실제 특정한 상품에 세금을 부과하면 소비자는 두 가지 형태의 반응을 나타낸다. 아무리 세금이 높아도 할 수 없이 '유리창을 달' 수도 있지만 한편으로 '창문을 모두 거두어버릴' 수도 있다. 창문이 사치재라면 소비자는 창문을 없애는 쪽을 택할 것이고 필수품이라면 창문을 그대로 놓아두는 대신 높은 세금을 낼 것이다.

많은 창문업자가 도산했던 것은 당시의 유리창이 역시 사치재였기 때문이다. 사치재에 대한 소비세의 부과는 결과적으로 기업에 많은 짐을 떠안기는 결과를 가져온다. 반대로 필수품에 대한 세금의 부과는 수요자의 부담을 많게 한다. 이런 현상을 '세금의 전가'라고 말한다. 그렇다면 어떤 기준으로 두 사람의 분배 몫이 나누어지는가? "창이 있었네." 그래서 과연 우리는 얼마의 세금을 더 내야 하는가?

11

레인맨의 경제학

1970년대 초까지도 어느 금융기관에서는 주말만 되면 "오늘 비가 오느냐"는 질문이 많았다고 한다. 왜 하필 금융기관에서 그렇게 날씨를 걱정했을까? 사실은 그런 비가 아니었다. 주말마다 자주 나오는 '금金'을 은유적으로 표현했던 것이다.

가뭄 끝에 내리는 '금金비'와 같다고나 할까. 체력단련비, 저축추진비, 휴가비 등 수시로 나오는 각종 수당을 지칭했던 말이다. 장마처럼 '비'가 자주 오는 세월 좋은 시절이었던 모양이다.

그 '비'는 서양에서도 유사한 은유적 의미로 사용될 때가 있다. 정기 세일을 하는 백화점에 장사진을 치는 것은 어디서나 마찬가지다. 아침 일찍 찾아가지 않으면 원하는 기획 상품은 놓치기 일쑤다. 그러나 미국에서는 걱정할 필요가 없다. 별도의 쿠폰을 만들어주기 때문이다. 물건이 도착하는 대로 연락을 줄 테니 그 '표'를 가져오면 세일 가격에 주겠다는 것이다. 비 때문에 경기가 중단되었을 때 받아가는 재입장권과 같다. 그것을 '비 수표rain check'라고 부른다.

이쯤 되면 영화 〈레인맨〉이 연상된다. 더스틴 호프먼이 열연해 1988년에 아카데미 영화제를 휩쓸었던 영화다. 돈만 알며 이기적으로 살아오던 찰리(톰 크루즈 역)는 애인과 휴가를 가는 도중 몇 년 동안 연락이 없던 아버지의 사망소식을 접한다. 장례식장으로 달려가는 찰리의 관심은 오로지 유산에만 있다. 그러나 장미와 자동차 광이었던 아버지가 그에게 남긴 유산은 초라했다. 과연 나머지 300만 달러의 유산은 어디로 사라진 것일까?

고생 끝에 찾아낸 것은 자폐증으로 정신병원에 수용된 형 레이먼드(더스틴 호프먼 역). 그에게 모든 유산이 넘겨진 것이다. '바보 천재'에게 모든 유산이 가는 것은 부당하다고 생각한 찰리는 형을 납치해 반쯤이라도 유산을 차지하려고 계획한다. 그러나 찰리의 생각은 뜻대로 되지 않는다. 오히려 두 사람이 같이 시간을 보내면서 잠재의식 속에 묻혀 있던 형제애가 점차 나타난다. 어렸을 때 비틀스의 노래를 불러주던 레인맨, 그가 바로 자신의 안전 때문에 멀리 보내졌던 정신장애의 형이라는 사실을 확인하면서 찰리는 달라지기 시작한 것이다. 가족의 가치가 파괴되어가는 1980년대 말 미국인들은 이 영화를 통해 돈과 자신의 혈육을 다시 되돌아보는 계기를 갖게 되었다.

물론 '레인맨'은 영화 속에만 있지 않다. 유산 때문에 형제애와 가족애가 짓밟히는 경우는 우리 주변에 너무나 많다. 예기치 못한 죽음 앞에서 유산 때문에 법적 분쟁을 벌이기도 한다. 가족관계뿐만이 아니다. 부의 세습이 민주사회의 평등성을 원천적으로 왜곡한다는 주장도 제기된다. 그렇다면 차라리 사회에 환원하는 것이 바람직한 것일까? 상속되는 재산에는 무거운 과세를 하고 부의 세습을 규제해야 한다는 논리이다.

문제는 여기서 끝나지 않는다. 자신이 번 재산도 유족에게 줄 수 없다면 무엇을 위해 열심히 일하겠는가? 아무리 가족의 전통과 가치가 무너지고, 시민사회의 평등성이 중시된다 해도 역시 가족은 가족 아닌가. 자폐증이 있는 '바보 천재'라도 결국 뜨거운 혈연은 어쩔 수 없지 않을까.

상속세가 무거우면 자신과 가족을 위해 열심히 일하는 인센티브가 사라진다. 이것은 자신의 이익추구를 기본으로 하는 시장경제의 본질적인 가치를 무너뜨릴 수도 있다. 또한 상속세가 과중하면 편법으로 부를 세습하는 왜곡현상도 많이 나타날 수 있다. 그래서 일부에서는 오히려 상속세를 폐지해야 한다는 주장도 한다.

과연 부모로부터 내려오는 '비'를 어떻게 받아들이도록 해야 하는가. 어떤 기준이 가장 바람직하며, 상속세가 경제적 효율과 형평에 미치는 영향은 무엇일까?

12

상속세를 올리자는 거부들

빌 게이츠의 아버지 윌리엄 게이츠 시니어는 아들 못지않은 억만장자로도 유명하다. 조지 소로스도 세계 금융계를 주름잡는 거부로 널리 알려져 있다. 투자회사 회장인 워런 버핏도 거부 명단에서 빠지지 않는다. 이런 세계적 거부들이 조지 부시의 감세정책에 반기를 들고 "세금을 계속 더 내야 한다"는 캠페인을 벌였다.

재산세와 상속세를 폐지하려는 행정부와 의회의 움직임에 적극적인 반대운동을 하고 나선 적이 있었다. 최근에도 워런 버핏을 비롯한 미국의 거부들은 침체된 경기를 살리고 재정적자를 줄이기 위해 오바마 대통령에게 자신들의 세금을 올려달라고 요청하고 나섰다.

세상에 세금을 즐겨내는 사람이 얼마나 있을까? 이 거부들의 운동은 아이러니처럼 들린다. 세금은 '있는 사람들'에게는 작은 고민에 지나지 않을 수도 있다. 상속세 걱정은 서민들에게는 다른 세상 얘기일지도 모른다. 그럼에도 일부 선진국에서는 상속세와 재산세를 폐지하려는 움직임을 보이고 있다. 7세기 이집트에서 시작된 이래 수천 년간 지속되어 왔던 세금을 왜 난데없이 폐지하려는 것인가? 단순히 '표'를 모으기 위한 선심정책일까? 아니면 일정수준의 소득을 넘어서면 세금의 유무는 큰 문제가 되지 않는 것일까?

물론 세금은 경제활동에 많은 영향을 미친다. 세금을 줄이거나 늘려서 경기를 부양하기도 하고 진정시키기도 한다. 세금을 통해 부자의 소득을 저소득층으로 이전시키는 소득재분배 정책도 시행한다. 그렇다면 상속세나 재산세는 어떤 영향을 미치는가. 폐지하자는 주장이 논리적으로 설득력이 있는 것인가. 아니면 상속세는 더욱 더 강화되어야 하는가?

우선 상속세가 공평성에 어긋난다는 주장이다. 열심히 일해서 모은 것을 절약하고 절약해서 부를 축적한 것인데 죽음과 함께 세금을 부과하기 때문이라는 것이다. 따라서 상속세나 재산세가 과다하면 모든 사람에게 저축의 인센티브가 줄어들고 당대에 소비를 늘릴 것이다. 어렵게 자수성가한 중산층에게도 상속세는 부담되고 이것 역시 절약과 저축의 인센티브를 감소시킨다.

그러나 게이츠와 소로스의 반론도 많은 사람에게 공감을 준다. 상속세는 재산이 많을수록 누진적으로 부과되기 때문에 거부들에게만 많은 부담을 주고 저축의 인센티브를 감소시키지 않는다는 것이다. 실제로 상속세는 부의 집중과 세습을 억제하는 중요한 역할을 한다. 또한 상속세는 '사망한 후'에 부과되기 때문에 죽음의 시기를 모르는 상황에서는 절약과 저축의 인센티브를 줄이지 않는다는 것이다.

실제로 대부분의 상속세는 소수 거부가 낸다. 평범한 보통사람들의 부담은 크지 않다. 상속세가 없다면 그 거부들이 더 열심히 일하고 더 저축했을까? 과연 상속세와 소득세의 재분배 효과가 얼마나 될까? 형평을 중시하는 우리 문화에서는 상속세가 너무 당연한 것으로 받아들여진다. 그러나 경제적 논리로 보면 반드시 그렇지만은 않다. 경제학의 아버지라는 애덤 스미스는 상속세를 찬성했지만, 같은 고전학파 학자면서 자수성가하여 거부가 된 리카도는 오히려 반대했다.

세금을 어떤 원칙과 기준으로 평가해야 하는지에 대해서는 이론이 없다. 즉, 세금은 공평성, 효율성, 단순성에 의해서 평가되어야 한다. 공평성의 기준으로는 상속세를 좋게 평가하기 어렵다. 상속세는 일부에게만 누진적으로 부과되기 때문이다. 감면조항이 많은 것도 흠이다. 같은 재산을 갖고 있어도 같은 세금을 내지 않으며, '부자를 쥐어짜는soaking the rich' 것도 공평성으로 설명하기 어렵다.

효율성의 원칙은 무엇인가? 세금이 효율적이라면, 사람들의 경제활동을 왜곡시키지 말아야 한다. 세금이 있어도 없을 때처럼 경제활동을 한다면 그것이 바로 가장 효율적이다. 상속세는 어떠한가.

13

저무는 날을 위한 준비

가장 화려하게 피었을 때

그리하여 이제는 저무는 일만 남았을 때

추하지 않게 지는 일을

준비하는 꽃은 오히려 고요하다

화려한 빛깔과 향기를

다만 며칠이라도 더 붙들어두기 위해

조바심이 나서

머리채를 흔드는 꽃들도 많지만

아름다움 조금씩 저무는 날들이

생에 있어서는 더욱 소중하다는 것을

— 도종환, 〈저무는 꽃잎〉

사람들은 화려할 때 저무는 날을 얼마나 준비할까? '조바심이 나서 머리채를 흔'들다가 사라지는 사람들도 많겠지만 조금씩 저무는 날을 준비하는 사람도 있으리라.

시상의 아름다움에 어울리지 않지만, 그래도 현실은 또 현실이다. 모아둔 재산을 저무는 날을 위해 어떻게 활용할 것인지를 생각하는 사람도 많으리라. 만약 상속세가 '저무는 날을 준비하는 데' 아무런 변화를 주지 못한다면 그것이 가장 효율적인 세금이라고 했다. 그러나 상속세가 효율성에 미치는 영향을 파악하는 것은 결코 쉽지 않다. 상속세가 과연 사람들의 행동을 얼마나 바꾸게 할까?

소득세가 미치는 영향은 오히려 간단하다. 일을 얼마나 더 많이 할지에 영향을 미치기 때문이다. 소득세가 워낙 많아지면 일할 의욕이 줄어들지 않는가. 그러나 상속세는 오늘 당장 돈을 써버릴까, 아니면 자식들의 미래를 위해 남겨둘지를 선택하는 데 영향을 준다. 이 현상을 더 상세히 이해하자면 사람들이 사망할 때 왜 유산을 남기는지를 생각해보아야 한다.

한 가설은 유산은 단지 우연한 결과라는 것이다. 우리는 모두 얼마나 더 살 수 있을지 모른다. 그래서 사람들은 대부분 불확실한 상황에 대비해 필요한 액수보다 더 많은 돈을 갖는다. 그러다 갑자기 죽음이 닥쳤을 때 그 돈이 유산으로 남겨질 뿐이다. 만약 이 가설이 맞다면 상속세는 사람들의 이재理財 행태에 아무런 영향을 주지 못한다. 우연한 사고로 유산을 상속받을 따름이다. 따라서 상속세는 전혀 비효율적이지 않다.

그러나 사람들이 자식에게 물려주려고 재산을 모은다면 상속세는 사람들의 행동을 왜곡시킬 수도 있다. 만약 그렇다면 상속세는 경제활동을 비효율적으로 만든다. 왜 그러할까? 상속세를 회피하기 위해 재산을 모으는 노력을 덜할 수 있기 때문이다. 많이 남겨봐야 세금으로 환수되니까. 그러나 반론도 있다. 만약 5억 원을 상속시키려고 작정했다면 상속세 때문에 5억 원에다 세금을 포함한 액수에 도달할 때까지 더 열심히 저축할 수도 있다. 어떤 형태로든 세금이 사람들의 행동을 변화시키므로 비효율성을 내포하고 있다. 물론 소득세도 상속세 못지않게 직접적인 영향을 미친다.

상속세의 영향은 때로 유산을 상속받은 사람에게 더 크게 나타난다. 부유한 집 아이들은 상속받을 것을 알기 때문에 저축은커녕 일도 적게 한다는 것이다. 따라서 상속세를 많이 부과하면 더 열심히 일하게 하는 자극을 줄 수 있다. 부모와는 반대로 아들을 더 열심히 일하게 할 수 있다. 이것은 경제를 위해서는 매우 긍정적인 결과를 가져올 수도 있다.

실제로 많은 학자의 연구결과에 따르면 재산세가 높으면 유산규모가 상대적으로 적었던 것으로 나타났다. 세율이 올라갈수록 부자들이 과세대상 재산을 축소하는 경향도 나타났다. 재산을 모을 인센티브를 줄여주었기 때문일까? 아니면 높은 세율에 맞추어 미리 효율적인 재산관리를 한 것일까? 세금은 사람들의 행태를 변화시킨다. 전자라면 세금은 저축을 줄여 자본의 축적을 감소시킨다. 후자라 할지라도 세금은 사회적 비용을 발생시킨다.

결국 상속세가 경제에 왜곡을 가져온다는 주장은 실증적으로 증명된 셈이다. 그러면 폐지해야 하는가? 공평성에도 문제가 있고 효율적이지도 않으니 폐지론에 손을 들어주어야 하나? 그래도 한 번 더 생각해 보자. '저무는 날을 준비하는 일'에 어떤 영향을 미칠지.

KI신서 3998

정갑영 교수의 풀어쓰는 경제학

나무 뒤에 숨은 사람

1판 1쇄 발행 2012년 5월 15일
1판 2쇄 발행 2016년 3월 5일

지은이 정갑영
펴낸이 김영곤 **펴낸곳** (주)북이십일 21세기북스
디자인 표지 twoes **본문** 프리스타일
출판영업마케팅팀 안형태 이경희 정병철 김홍선 이은혜 백세희
출판등록 2000년 5월 6일 제10-1965호
주소 (우10881) 경기도 파주시 회동길 201 (문발동)
대표전화 031-955-2100 **팩스** 031-955-2151 **이메일** book21@book21.co.kr
홈페이지 www.book21.com **트위터** @21cbook **블로그** b.book21.com

ⓒ 정갑영, 2012

ISBN 978-89-509-3754-6 04320
     978-89-509-3756-0 (세트)
책값은 뒤표지에 있습니다.